공부가 되는
세계사 2

〈공부가 되는〉 시리즈 ㊾

**공부가 되는
세계사 2 중세**

초판 1쇄 발행 2013년 05월 03일
초판 11쇄 발행 2023년 12월 18일

지은이 글공작소

책임편집 김초희
책임디자인 유영준

펴낸이 이상순
주　간 서인찬
편집장 박윤주
제작이사 이상광
기획편집 박월, 김한솔, 최은정, 이주미, 이세원
디자인 이민정
마케팅홍보 이병구, 신희용, 김경민
경영지원 고은정

펴낸곳 (주)도서출판 아름다운사람들
주소 (10881) 경기도 파주시 회동길 103
대표전화 (031)8074-0082 **팩스** (031)955-1083
이메일 books777@naver.com
홈페이지 www.book114.kr

ⓒ2013 글공작소
ISBN 978-89-6513-222-6 13900
ISBN 978-89-6513-234-9 13900 (세트)

파본은 구입하신 서점에서 교환해 드립니다.
이 책은 저작권법에 의하여 보호를 받는 저작물이므로 무단 전재와 복제를 금합니다.
KC마크는 이 제품이 공통안전기준에 적합하였음을 의미합니다.

공부가 되는
세계사 2
중세

지음 글공작소 | **추천** 오양환 (前 하버드대 교수)

아름다운사람들

공부가 되는 세계사 2

서로마 제국의 몰락으로 시작된 *중세 유럽* … 12

유럽 세계의 형성
게르만족의 대이동 | 게르만족은 왜 야만족이라 불렸을까요? 게르만족도 두려워한 훈족은 누구일까요? | 프랑크 왕국의 탄생 | 서로마 제국의 부활, 샤를마뉴 대제
이민족의 침입과 노르만족의 활약 | 비잔틴 제국(동로마 제국)과 유스티니아누스

중세 유럽의 발전과 봉건 제도

중세 그리스도교
서유럽을 장악한 로마 교회 | 카노사의 굴욕 | 중세의 대학 | 중세의 문화

우리가 흔히 쓰는 '봉건적' 이라는 말은? | 가부장제
'샤를마뉴 대제' 는 이름이 여러 개 | 바이킹과 러시아
군관구제와 둔전병제 | 기사들의 시합에서 유래한 토너먼트
동유럽의 그리스도교, 그리스 정교회 | 고대의 학문을 근대로 이어 준 수도원

서로마 제국 몰락부터의 중세 유럽 연표

아랍 세계의 발전 … 68

마호메트와 이슬람교
코란이냐 칼이냐?

이슬람의 문화

이슬람 세계를 지배한 오스만 제국

새로운 무역로와 함께 발전한 이슬람교 | 이슬람교인들이 반드시 지켜야 할 다섯 가지 의무
아랍과 아라비아 | 이슬람 상인이 취급한 품목 | 이슬람 상인들이 활약한 사막의 비단길, 실크 로드
커피의 시작 | 제지술이 이슬람으로 전해지게 된 탈라스 전투 | 이스탄불
돔과 미나레트가 결합된 술탄 아흐메트 사원 | 예니체리

아랍 세계 연표

칭기즈 칸이 건설한 역사상 최대의 제국, 몽골 ··· 102

몽골 제국이 들어서기까지 중국의 변천사
고구려 침략에 실패한 뒤 멸망한 수나라 | 당나라와 송나라 | 송나라를 이끈 사대부

몽골 제국을 건설한 칭기즈 칸

명나라와 청나라

중세 일본의 막부 정치

인도의 무굴 제국

'정관의 치'를 이룩한 태종 | '개원의 치'를 펼친 현종 | 당나라를 뒤흔든 양 귀비
북송을 무너뜨린 정강의 변 | 악비 장군 | 몽골의 침략에 저항한 고려 | 민족별 계급 제도
천호, 백호제 | 향촌의 지배 계급, 신사층 | 양명학 | 청의 헤어스타일, 변발
황제의 권한을 강화시켜 준 주접 제도 | 무역 독점권을 가진 공행
에도 막부 | 샤 자한의 사랑이 담긴 타지마할

몽골 연표

십자군 전쟁과 중세의 붕괴 ··· 144

십자군 전쟁
예루살렘 순례자들 | 제1차 십자군의 승리 | 이슬람군의 반격
사자 왕 리처드와 영웅 살라딘의 우정 | 십자군 운동의 종말 | 십자군 전쟁의 영향

참혹했던 십자군 전쟁

무너지는 중세 유럽 세계 … 170

흑사병의 공포

영국과 프랑스를 근대 국가로 이끈 백년 전쟁

백년 전쟁의 시작

흑태자 에드워드의 활약

백년 전쟁의 꽃, 잔 다르크

농민 반란과 무너진 봉건 제도
상업의 부활로 도시가 성장하다

쇠퇴하는 교황의 권위

근대 국가의 기틀이 마련되다

중앙 집권 | 상공 시민층 | 부르고뉴 공과 공국 | 자크리의 난
한자 동맹 | 부르주아 | 공의회 | 장미 전쟁

십자군 전쟁부터의 중세 유럽 연표

아이들이 『공부가 되는 세계사』를 읽으면 좋은 이유

1 세계사에 대한 흥미와 관심을 높여 줍니다

인간은 왜 집단생활을 했으며 어떤 과정을 통해 도시와 국가를 만들었을까? 문자는 왜 생겨났으며 오늘날의 문명은 무엇 때문에 탄생하게 되었을까? 전쟁은 왜 일어날까? 유럽, 아시아, 아메리카, 아프리카는 어떻게 탄생했으며 어떤 문화적 차이가 있을까? 철학, 종교, 예술, 과학 등 오늘을 대표하는 문화와 사상들은 어떻게 만들어지고 인간에게 어떤 영향을 미쳤을까? 세계사가 지금의 나와 어떤 연결 고리가 있고 왜 세계사를 알아야 하는지 그 이유를 아이들의 호기심을 풀어내는 형식으로 쉽게 설명해 냄으로써 어렵게만 여겨지던 세계사가 재미있고 쉽게 술술 읽히면서도 세계 문화와 역사의 큰 흐름을 자연스럽게 이해하도록 구성했습니다.

2 어려운 세계사의 개념을 바로 해결합니다

선사 시대와 고대, 중세, 근대, 현대는 무엇으로 구분할까? 우리가 늘 듣는 용어지만 그 구체적인 뜻은 모호한 세계 4대 문명, 오리엔트, 르네상스, 계몽주의, 성문법, 민주주의, 사회주의, 자본주의 등은 도대체 어떻게 사용되기 시작했고 어떤 깊은 의미를 포함하고 있을까? 세계사를 통해 만들어져 오늘날에도 일상생활에서 흔히 사용되는 어휘와 개념들을 암기를 넘어 세계사의 큰 흐름 속에서 이해하고 활용할 수 있도록 똑똑하게 알려줍니다.

3 글로벌 안목을 높이고 생각하는 힘을 길러 줍니다

우리 아이들이 세계의 주역으로 성장하기 위해 세계사를 이해하는 것은 필수적인 요소입니다. 글로벌 안목은 세계사를 통해 길러지고 깊어집니다. 또한 역사학자 리처드 에번스는 "역사는 그것이 어떻게 일어났으며 어떻게 소멸하고 어떤 영향을 주었는가를 파악하는 것이 더 중요하다."라고 했습니다. 이처럼 역사는 단순히 과거에 어떤 일이 있었는지 사실 관계를 아는 것에 그치는 것이 아니라 그것이 일어난 배경과 그렇게밖에 될 수 없는 필연적 이유를 아는 것이 더 중요합니다. 그러므로 역사를 제대로 알고 이해하는 것은 사물에 대한 사고력과 판단력을 폭넓게 길러 줍니다. 역사는 바로 한 사람의 삶을 결정하는 가치관의 노둣돌과 같습니다.

4 공부의 즐거움을 깨치는 『공부가 되는 세계사』

〈공부가 되는〉 시리즈는 공부라면 지겹게만 여기는 우리 아이들에게 "아, 공부가 이렇게 즐거운 것이구나!" 하는 것을 깨우쳐 주면서 아울러 궁금한 것이 많은 우리 아이들의 지적 호기심도 해결해 주는 시리즈입니다. 공부의 맛과 재미는 탄탄한 기초 교양의 주춧돌 위에 세워질 때 그 효과가 배가됩니다. 그리고 그 기초 교양은 우리 아이들의 학습에서 자기 주도적 능력을 내는 데 큰 밑거름이 됩니다. 『공부가 되는 세계사』는 세계의 역사를 알고 이해하는 과정을 통해 세계를 통찰하는 깊이 있는 안목과 자신의 세계관을 키울 수 있도록 만들어졌습니다. 우리 아이들이 이 책을 통해 세계의 교양인으로 거듭나기를 바랍니다.

서로마 제국의
몰락으로 시작된
중세 유럽

유럽의 역사는 게르만 민족의 대이동과 서로마 제국의 몰락으로 새로운 변화를 맞게 됩니다. 게르만 민족과 그리스도교, 그리고 그리스·로마 문명이 합쳐진 봉건 사회가 탄생한 것입니다. 봉건 사회의 권력 구조에는 최고 권력자인 왕이 있고, 그 아래에 자기가 다스리는 땅을 가진 영주들이 있었습니다. 그리고 영주 밑에는 영주에게 충성을 바치는 기사들이 있었습니다. 또한 이 구조의 맨 아래에는 영주의 땅에서 농사를 지으며 세금을 바치고 사는 농민들이 있었습니다.

서로마 제국의 몰락으로 시작된
중세 유럽

신앙의 자유를 인정한 콘스탄티누스 대제
그리스도교도에게 가해지던 박해를 중지시켜서
유럽 사회에 기독교가 널리 퍼질 수 있게 했습니다.

유럽 세계의 형성

거대한 로마 제국은 붕괴되면서 세 개의 문화권으로 나누어집니다. 그 셋은 바로 유럽 세계와 동로마 제국(비잔틴 제국), 그리고 이슬람 세계가 그들입니다.

이들 세 문화권이 형성될 무렵에는 많은 사람들이 원래 살던 곳을 떠나 이곳저곳으로 이동했습니다. 그 과정에서 그리스와 로마 사람들이 이룩했던 찬란한 문화는 야만족으로 취급받던 게르만족에 의해 파괴되고 변형되었습니다.

중세 유럽 사회를 지탱한 두 축은 봉건

우리가 흔히 쓰는 '봉건적'이라는 말은?

봉건 제도는 믿을 만한 사람에게 땅을 주어 그곳을 독자적으로 다스리게 하고 충성을 약속받는 것이 출발이었지만 현대에 자주 쓰이는 봉건 제도나 봉건 사회는 넓은 의미로 사회적 위치나 계급에 따라 신분의 상하 관계가 분명해 서열이나 등급에 따라 권리와 의무가 다르고 또 그것이 세습되는 계급 사회를 뜻합니다.

이 말은 땅을 매개로 중세 유럽 사회를 지탱했던 봉건 제도에서 나온 말입니다. 흔히 봉건적이라는 말은 땅이나 다른 물질적인 것을 매개로 하여 주인과 종의 관계가 맺어진 데 비유적으로 쓰입니다. 넓은 의미에서 보자면, 어떤 관계가 평등한 관계가 아니라 지배와 복종의 관계인 신분 질서를 나타내기도 합니다. 그리고 자유롭거나 열린 생각이 아닌 고루하고 보수적인 생각이나 그런 성향 등을 가리키기도 합니다. 또한 과거 사회처럼 신분이나 서열에 따른 질서를 중요하게 여겨 개인의 자유나 권리 등을 중요하지 않게 생각하는 것을 뜻하기도 합니다.

제도와 그리스도교(가톨릭)였습니다.

먼저 봉건 제도란 지배자가 믿을 만한 사람에게 자신의 권리를 나누어 주고, 그 권리를 보장받은 자는 그 혜택을 누리는 대신 지배자에게 절대적 충성을 바치는 제도라고 할 수 있습니다.

중세 유럽에서는 왕이 귀족에게 땅을 내려 주어 그 지역을 다스리게 하는 대신 왕에게 절대 충성하고 전쟁이 일어나면 나가 싸울 의무를 지게 했습니다. 또 귀족과 농민 사이에서도 마

> **가부장제**
>
> 가족의 가장이 가족에 대한 지배권을 행사하는 가족의 형태나 지배 형태를 말합니다. 흔히 '가부장적'이라고 말할 때는 어떤 공동체의 구성원이 각자 평등한 권리를 가지는 것이 아니라 그 공동체의 지배자가 최고 지배권을 행사하는 피라미드식 상하 관계의 위계질서를 의미합니다.

찬가지로 귀족은 농민에게 경작할 수 있는 토지를 나누어 주어서 먹고살 수 있도록 해 주는 대신 귀족에게 절대적 충성을 요구했습니다.

중세 유럽 사회를 지탱한 또 다른 축은 그리스도교입니다. 313년 로마의 콘스탄티누스 대제가 그리스도교를 믿어도 좋다고 인정한 뒤 유럽 여러 나라에서는 많은 교회가 생겨났습니다. 시간이 가면서 이 교회 세력은 점점 커졌고 그 결과 교황청의 힘이 국왕이나 황제의 힘보다 커지게 되었습니다.

교황과 교회의 힘이 필요 이상으로 강해지자 탐욕스럽고 향락에 빠진 성직자들이 나타났고 사회는 혼란의 수렁에서 허우적거렸습니다.

게르만족의 대이동

오랜 세월 동안 로마 제국의 북쪽 변방에는 로마인들이 미개한 야만족이라고 업신여겨 온 게르만족이 살고 있었습니다. 그들은 종종 로마 국경을 넘어 약탈을 일삼았는데 로마로서는 여간 골칫거리가 아니었습니다. 하지만 로마가 힘이 강할 때는 그들과 맞서 싸워 국경을 지킬 수 있었고 일부 게르만족은 로마에 들어와 노예나 돈을 받고 용병으로 일하며 살아가기도 했습니다. 그래서 게르만족 중에서 로마의 장군이 된 사람도 있습니다. 이들 게르만 용병은 주로 로마 국경의 수비를 맡았습니다. 하지만 로마가 힘을 잃자 게르만족은 무리 지어 내려와 로마 제국을 공격했고, 가축이나 식량들을 닥치는 대로 빼앗아 갔습니다. 이때 로마 국경 수비를 맡아보던 이들이 게르만 용병들이었으니 그들이 같은 종족을 상대로 열심히 싸울 리 없었습니다. 결국 힘이 약할 대로 약해진 로마는 더 이상 그들을 당해 낼 수 없게 되었습니다.

처음 게르만족의 이동은 그들의 인구가 늘어나면서 필요해진 식량을 얻기 위해 시작되었습니다. 발트 해 연안에서 출발해 2백 년 동안 서서히 이루어졌던 이동이 전면적인 민족 대이동으로 변한 직접적인 원인은 바로 훈족 때문입니다. 훈족은 중앙아시아 초원에 살던 유목민으로 주로 중국과 힘을 다투었으나, 중국이 강성해지자 그들에게 쫓겨 서쪽으로 대거 이동하면서 게르만족을 위협하게 됩니다. 그러자 게르만족은 그들을 피해 상대적으로 힘이 약해진 로마 제국으로 대이동을 시작하게 된 것입니다.

그래서 유럽의 변방에서 야만족으로 불리던 게르만족이 유럽전역에 퍼져 역사의 주인공으로 떠오르게 되었으며, 오늘날 유럽인들의 직접적인 조상이 됩니다. 오늘날 스웨덴인·덴마크인·노르웨이인·아이슬란드인·앵글로색슨인·네덜란드인·독일인 등이 모두 게르만족에 속합니다. 흑해에서 라인

게르만족의 이동 경로
게르만족은 유럽 각지로 퍼져 나가 여러 왕국을 건설하였습니다.

강 유역까지 퍼져 나간 게르만족은 북게르만(덴마크인·노르만인 등), 서게르만(앵글인·아라만인·색슨인·프랑크인 등), 동게르만(동고트인·서고트인·반달인·부르군트인 등)의 세 그룹으로 갈라졌습니다. 우리가 영국이라고 부르는 잉글랜드는 앵글로색슨족이 세운 나라이고, 프랑스는 프랑크족이 세운 나라입니다. 반달족은 에스파냐로 내려가 아프리카까지 진출하기도 했습니다. 앵글로색슨족이나 프랑크족, 반달족은 모두 게르만족에서 뻗어 나온 민족으로 유럽 역사의 전면에 나타난 것입니다.

결국 서로마 제국은 게르만족 출신 장군에 의해 무너지는데, 서로마 제국을 무너뜨리고 이탈리아의 왕이 된 사람은 바로 오도아케르 장군입니다.

이후 게르만의 여러 종족들은 로마 제국의 영토였던 유럽과 아프리카 지역을 나눠 차지했습니다.

게르만족은 왜 야만족이라 불렸을까요? 게르만족도 두려워한 훈족은 누구일까요?

게르만족은 발트 해가 있는 유럽 북부 지방에서 살던 사람들입니다. 게르만족은 눈이 푸르고 머리카락은 금발입니다. 그들은 로마가 고대에 찬란한 문화를 이룩했던 것과는 달리 읽지도 쓰지도 못했을 뿐 아니라 동물 가죽으로 옷을 대신했습니다. 그들은 왕이 따로 없었고 부족장을 중심으로 마을을 이루고 가축을 기르며 살았습니다. 그래서 기름진 땅과 가축을 기르기에 알맞은 초원을 찾아 자주 이곳저곳을 옮겨 다녔습니다. 그러다 보니 게르만족은 옮겨 간 곳에 이미 정착해 있는 부족과의 전쟁을 피할 수 없었습니다. 게르만족은 이렇게 생존을 위해 오랫동안 다른 종족과 싸워 왔기 때문에 매우 거칠고 사나웠습니다. 그에

비해 한곳에 정착해 농사를 짓는 농경 민족들은 유목 민족에 비해 상대적으로 전쟁 경험이 적었고, 자연스럽게 전쟁 기술 또한 뒤처질 수밖에 없었습니다. 하지만 유목 민족인 게르만족은 용맹을 최고의 덕목으로 여겼으며 전쟁에 능했고 전쟁터에 나설 때는 동물 가죽을 뒤집어쓴 채 적을 위협했습니다. 게르만족이 섬긴 신은 보덴이라는 하늘의 신이자, 전쟁의 신이었고 그다음으로 중요한 신은 토르라는 천둥과 번개의 신으로 망치를 들고 다니며 얼음 거인과 싸웠습니다. 그 외에 티르, 프레이야라는 신도 모두 게르만족이 섬기던 신이었습니다.

이처럼 용맹하고 사나운 게르만족이었지만 그들도 겁내는 무리가 있었는데 바로 훈족입니다. 훈족은 게르만족이 살던 곳보다 더 먼 북동쪽에 살았는데 그들은 게르만족보다 더 거칠고 잔인해 가는 곳곳마다 파괴와 약탈을 일삼으며 상대를 공포에 떨게 했습니다. 이런 훈족이 서쪽으로 세력을 넓혀 오자 게르만족은 두려움에 떨 수밖에 없었습니다. 결국 게르만족은 훈족과 싸우기보다는 로마와 싸우는 게 훨씬 유리하다고 판단해 로마 제국으로 밀려오게 됩니다.

훈족은 말 위에 세워진 제국이라고 불리었는데 이들은 중국 북아시아 초원 지대에서 말을 달리며 지내는 유목 민족이었습니다.

만주에서 몽골 고원과 남러시아에 이르는 유라시아 북부 대륙에는 드넓은 초원 지대가 펼쳐져 있습니다. 이 넓은 땅에서

몽골의 초원
유목 민족은 이처럼 드넓은 초원에서 가축에게 풀을 제공하기 위해 풀이 나는 곳으로 계속 이동하며 생활했습니다.

양과 말 등을 들에 풀어 놓고 키웠던 훈족은 가축에게 풀을 제공하기 위해 계절에 따라 여러 곳으로 옮겨 다니며 살았습니다. 더 좋은 환경으로 이동하다 보면 필연적으로 타민족과의 전쟁을 피할 수 없었을 테고, 거기에다 중국의 강력한 세력과 여러 차례 전쟁을 치르면서 더 단련되고 강해져 갔을 것입니다.

대표적인 중국 북아시아의 유목 민족으로는 스키타이족, 훈족(흉노), 거란족, 돌궐족 그리고 몽골족이 있었습니다. 이들은 말을 주로 키웠는데 말은 가축을 돌볼 때도, 이동할 때도, 전쟁

한의 무제
무제는 한나라를 세운 뒤 훈족의 침입에 맞서 싸워 훈족을 중국의 북서쪽으로 몰아냅니다. 훈족은 이후 방향을 바꿔 유럽으로 진출하게 됩니다.

을 치를 때도 매우 요긴하게 쓰였습니다. 유목 민족은 말을 자기의 몸처럼 다루었으며 특히 전쟁이 일어나면 유목 민족은 말을 타고 재빠른 작전을 써서 적들을 혼란에 빠트리곤 했습니다. 또한 유목 민족들은 활을 잘 쏘았습니다. 농경 민족은 날쌔고 멀리서도 정확히 공격을 하는 유목 민족들을 무척 두려워했습니다. 그래서 강력한 힘으로 중국을 통일한 중국의 진나라 시황제도 그들을 중국 북서쪽으로 쫓아낸 뒤 그들의 침입을 막기 위해 만리장성을 쌓아 그들을 막으려 했던 것입니다. 훈족은 그 뒤에도 자신들이 살던 곳을 되찾기 위해 진나라와 또 그 뒤에 들어선 한나라와 여러 차례 전쟁을 치릅니다. 그러나 한의 무제가 등장해 훈족 정벌에 나섰고 훈족은 결국 다시 중국의 북서쪽으로 쫓겨납니다. 그러자 훈족의 일부는 중국에 흡수됐고 또 한 무리는 중앙아시아의 초원 지대에 정착했다가 서쪽으로 이동하면서 게르만족과 부딪치게 됩니다.

이처럼 한족 세력에 밀려 서쪽으로 이동한 훈족이 게르만족을 정복하며 압박하자 게르만족은 다시 이들을 피해 서로마 제국으로 이동해 나라를 세우게 됩니다.

훈족은 게르만족을 계속 압박하며 거침없이 서쪽으로 이동해 갑니다. 훈족이 이렇듯 막강한 힘으로 중부 유럽은 물론 흑해와 발트 해까지 뻗어 나갈 수 있었던 것은 그들에게 '아틸라'라는 뛰어난 장수이자 통치자가 있었기 때문이기도 합니다. 말을 이용한 뛰어난 기동력과 말 위에서도 자유자재로 활을 쏘는 전투 능력을 갖고 있었고 오랜 세월 전쟁으로 단련된 그들에게 유능한 지도자까지 있었으니 그야말로 훈족은 유럽에서 공포의 대상이었던 셈입니다.

하지만 게르만족도 계속 당하고만 있지는 않았습니다. 451년 동게르만족이 다스리던 현재의 프랑스 지역까지 아틸라가 쳐들어오자 동게르만족은 전력을 다해 맞서 싸웠고 이 전투에서는 결국 어느 쪽도 승리를 거두지 못했습니다. 그래서 훈족은 더 이상 서로마 쪽으로 전진하지 못하게 됩니다. 이 치열한 전투를 샬롱 전투라고 합니다.

그 뒤 아틸라는 방향을 틀어 이탈리아로 전진합니다. 이탈리아인은 훈족을 당해 낼 힘이 없었습니다. 이탈리아가 훈족에게 속수무책으로 당하자 그때 로마 교황이 나섭니다. 당시 로마 교황은 레오 1세로 그는 로마 제국 시민들의 종교 지도자라는 자격으로 군대도 거느리지 않은 채 로마를 구하기 위해 아틸라를 만나러 갔습니다. 그리고 말 위에서 아틸라와 로마 교황의 협상이 이루어졌습니다. 가톨릭의 기록에 의하면 아틸라가 교황의 위엄과 화려한 의복에 반했으며, 레오 1세의 기도로 아틸라가 그에게 굴복해 더 이상 진군하지 않고 교황의 뜻을 받아들였다고 합니다. 하지만 실제로 교황과 아틸라가 어떤 협상을 했는지는 알 수 없습니다. 다만 교황이 아틸라에게 도시와 교회에 대한 상당한 권리를 약속했을 것으로 추측할 따름입니다. 협상 후 로마를 떠난 아틸라가 얼마 지나지 않아 죽었기 때문에 그 약속은 지켜지지 않았습니다.

아틸라가 죽자 강력한 세력을 떨치던 훈족도 세력이 크게 약해졌습니다. 그러자 기회를 엿보던 게르만족은 다시 반격을 시도했고 훈족이 이끌던 대제국은 막을 내리게 됩니다.

훈족의 위협에서 벗어난 게르만족은 이제 두려울 것이 없었고 이탈리아 반도로 이동해 476년 서로마 제국을 멸망시킵니다. 서로마 제국이 다른 민족의 침입을 막기 위해 대장으로 임명한 게르만족 출신 용병인 오도아케르가 오히려 황제를 내쫓고 스스로 이탈리아 왕이 된 것입니다.

강력한 상대가 사라진 게르만족은 드디어 유럽 곳곳에서 나라를 세우고 정착합니다. 게르만족은 로마 영토에 정착한 뒤 로마의 문화를 배척하지 않고 발달한 로마의 문화를 빠르게 받아들입니다. 게르만족에게는 강력한 군사력만 있었을 뿐 제대로 된 문화적 전통은 없었기 때문입니다. 이동을 주로 했던 유목 생활은 변화에 대한 두려움이나 저항이 크지 않아 더 나은 문화를 흡수하고 재창조하는 데 장점으로 작용했습니다. 가장 대표적인 예로는 종교를 가톨릭으로 개종한 것입니다. 게르만족은

로마의 가톨릭 세력과 연대해 그들의 지지를 등에 업고 영토를 확장하여 로마 통치를 더욱 효율적으로 강화해 유럽에 뿌리를 내리게 됩니다.

프랑크 왕국의 탄생

서로마 제국이 멸망한 뒤 게르만족은 서로마 제국의 영토에 프랑크 왕국, 알라만 왕국, 부르군트 왕국, 반달 왕국 등 많은 나라를 세웠습니다. 그들은 서로 세력을 다퉜고, 그중 프랑크 왕국이 유럽의 실력자로 떠올랐습니다.

프랑크 왕국은 민족 대이동이 끝나 가던 5세기 말 클로비스가 여러 부족을 통합하여 세운 통일 국가입니다. 클로비스는 종교를 로마 가톨릭으로 바꾸었습니다. 그래서 로마 교회와 로마 시민의 지지를 받을 수 있었습니다.

클로비스가 차지한 영토는 오늘날 벨기에와 프랑스에 해당하는 지역이 대부분입니다. 게르만족 국가들은 대부분 오래가지 못했지만, 프랑크 왕국은 유럽의 중심부에 자리 잡고 꾸준히 발전해서 새로운 시대를 주도하는 세력이 되었습니다. 종교를 가톨릭교로 바꾸어 로마 사람들이나 교회와 다투는 일도 없었고, 비잔틴 제국이나 이슬람 세력이 직접 공격할 수 없는 위치에 있었던 것도 프랑크 왕국이 오래 이어진 이유 중 하나입니다.

클로비스가 죽은 뒤 프랑크 왕국은 민족의 관습에 따라 네 아들이 영토를 나누어 다스렸습니다. 그러다가 558년 막내아들

프랑크 왕국의 분할
클로비스 1세의 네 아들에게 프랑크 왕국을 분할하는 모습이 담긴 그림입니다.

클로타르 1세가 왕국을 하나로 통일했습니다.

클로타르 1세가 죽은 뒤에는 다시 세 아들이 왕국을 나누어 다스렸습니다. 그러나 아버지와 삼촌들이 그랬던 것처럼 형제끼리의 싸움은 그치지 않았습니다. 그래서 왕권이 크게 약해진 7세기 말에 이르자 왕은 있으나 마나 한 존재가 되었고, 귀족들의 지지를 받는 재상이 강력한 권력을 갖게 되었습니다.

8세기 초반인 732년에는 이슬람 세력이 프랑크 왕국까지 침략하게 됩니다. 이슬람 군사들은 주로 말을 타고 싸웠는데, 프랑크 왕국의 재상인 카를 마르텔은 넓은 들판에 병사들을 숨겨

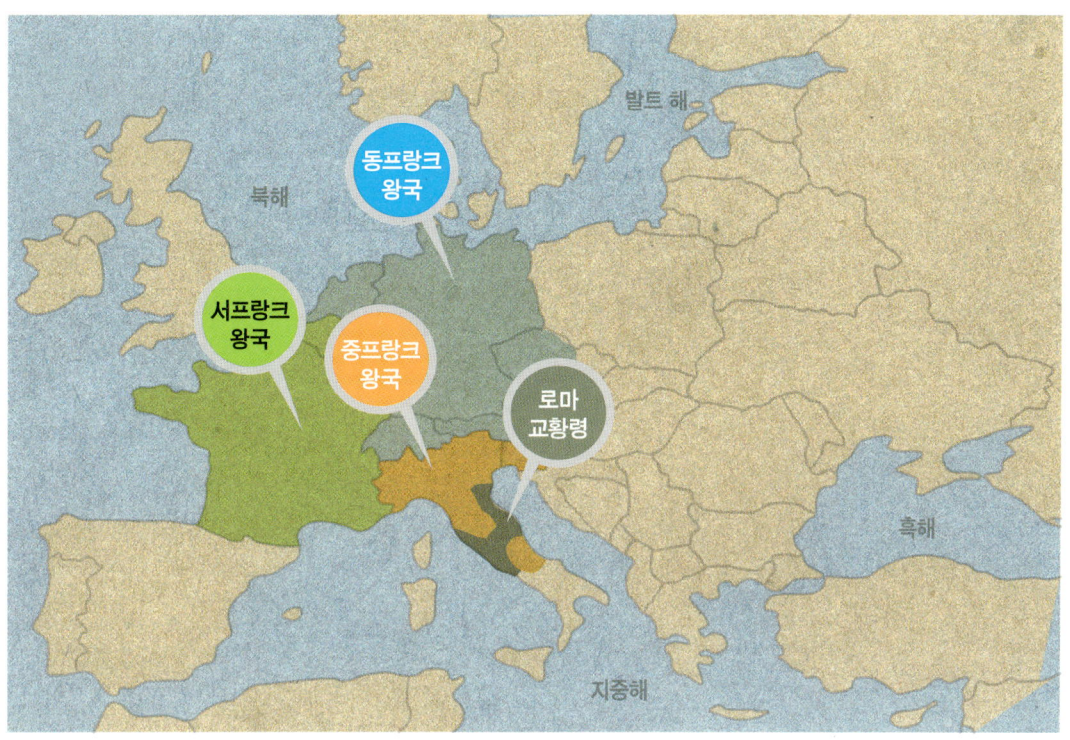

프랑크 왕국의 분열

놓고 적을 가까이 끌어들인 다음 먼저 말을 쓰러뜨리고 병사들을 공격했습니다. 마르텔의 그러한 작전은 들어맞아 프랑크 왕국은 강력한 이슬람 세력의 침략을 막아 낼 수 있었습니다.

그 뒤 카를 마르텔의 인기는 점점 높아지고, 권력도 더욱 커져서 왕이나 다름이 없었습니다. 백성들은 그에게 왕이 되어 달라고 했습니다. 그러나 카를 마르텔은 왕이 되는 것을 사양하고, 기병 부대를 키워 나라를 굳건히 지키는 일에 온 힘을 쏟았습니다.

카를 마르텔이 죽자, 그의 아들 피핀이 재상 자리를 이어받았습니다. 백성들은 이번에도 피핀에게 왕이 되어 달라고 했습니다. 피핀도 처음에는 사양했지만, 국왕을 수도원에 보내 성직자가 되게 한 뒤 751년 왕위에 올랐습니다. 그렇게 프랑크 왕국의 첫 번째 왕조인 메로빙거 왕조는 끝나고, 새로운 왕조 즉, 카롤링거 왕조가 시작되었습니다.

'샤를마뉴 대제'는 이름이 여러 개

프랑크 왕국의 최전성기를 누렸던 샤를마뉴 대제는 업적만큼이나 이름도 많습니다. 그는 '샤를마뉴', '샤를 1세', '카를 대제', '찰스 대제', '카를로 마그노' 등 여러 이름으로 불립니다.

그렇게 이름이 많은 데는 까닭이 있습니다. 그는 프랑크 왕국의 영토를 크게 넓혀 서유럽을 하나로 통합한 사람입니다. 그리고 그가 죽은 뒤 프랑크 왕국은 다시 나뉘었습니다. 오늘날의 독일, 이탈리아, 프랑스가 모두 프랑크 왕국의 뒤를 잇는 나라들입니다. 그러다 보니 그 나라들에서 프랑크 왕국의 전성기 지배자였던 샤를마뉴 대제를 각각 자신들의 언어로 불러 역사에 남기게 되었고 그 결과 이름이 여럿이 된 것입니다.

서로마 제국의 부활, 샤를마뉴 대제

피핀이 죽자 그의 아들 샤를마뉴 대제는 동생 카를만과 왕국을 나눠 다스리다가 동생마저 죽자 왕국 전체를 다스리게 되었습니다. 그때부터 프랑크 왕국은 활기를 띠기 시작했습니다.

샤를마뉴 대제는 왕국의 영토를 넓히는 일에 힘을 쏟았습니다. 또 정복한 지역 사람들의 마음을 달래기 위해 영토 확장 전쟁을 할 때는 늘 가톨릭 성직자를 데리고 다녔습니다. 그는 마침내 서로마 제국의 영토를 대부분 회복하여 서유럽에서 가장 큰 제국을 건설했습니다. 또 왕권 강화를 위해 로마 교황을 지지했습니다.

당시 교황은 그리스도교의 정신적 지도자였지만 동로마 제국 황제와 사사건건 충돌했습니다. 그래서 동로마 제국의 간섭에서 벗어나기를 원했던 교황 레오 3세는 샤를마뉴 대제에게 서로마 제국 황제 칭호를 내리며 왕관을 씌워 주었습니다. 교황에게 동로마 황제 못지않은 강력한 힘을 가지고 자신을 지지해 줄 세력이 필요했기 때문입니다.

샤를마뉴도 마다할 이유가 없었습니다. 유럽을 지배하려면 교황의 지지가 필요했고, 교황의 지지로 서로마 제국의 황제가 되었다는 것은 서로마 제국이 로마 제국을 잇는 정통성을 갖게 되었다는 것을 의미했기 때문입니다. 로마 교황은 동로마 제국을 로마 제국으로 인정하지 않고 프랑크 왕국을 로마 제국의 후계자로 인정한 것입니다.

이에 따라 로마 제국은 로마인이 아닌 게르만족이 통치하게 되었고, 정치는 프랑크 왕국의 황제가, 종교는 로마 교황이 맡았습니다. 정치와 종교의 분리가 이루어진 것입니다. 또 샤를마뉴 대제는 이미 통치하고 있던 여러 나라들은 물론 이탈리아까지 다스리는 황제가 되었습니다. 이로써 형식적으로나마 서로마 제국이 부활했고, 신성 로마 제국 시기까지 게르만 출신의 왕이 로마 황제의 칭호를 이어 갔습니다.

이것은 바꿔 말하면 샤를마뉴 대제가 서로마 황제의 후계자인 동시에 그리스도교 나라의 지배

샤를마뉴 대제
샤를마뉴 대제는 교황을 보호하면서 교황의 지지를 얻었고 이는 샤를마뉴 대제의 권력을 강화하는 데 커다란 보탬이 되었습니다.

자로 인정받은 것을 의미합니다. 따라서 샤를마뉴 대제의 세력은 더욱 강해졌습니다.

이로써 300여 년 만에 서로마 제국이 부활했는데, 동로마 제국의 황제는 그러한 사태를 못마땅해했습니다. 로마 제국의 후계자는 당연히 자신이라고 생각했는데, 교황이 샤를마뉴만을 인정했기 때문입니다.

로마 교황은 이제 샤를마뉴 황제라는 든든한 보호자가 생긴 덕분에 더 이상 동로마 제국의 간섭을 받지 않게 되었고, 다른 나라의 위협에서도 벗어날 수 있었습니다. 그러나 샤를마뉴 시대 이후에도 교황과 황제의 사이가 늘 좋았던 것은 아닙니다. 샤를마뉴 대제와 로마 교황이 손을 잡은 이후 유럽 세계는 황제와 교황이라는 두 개의 최고 권력이 때로는 서로 의논하고, 때로는 다투기도 하면서 발전해 나갔습니다.

샤를마뉴 대제가 영토를 넓히는 데만 힘을 쏟았던 것은 아닙니다. 그는 학자들에게 고대 로마 제국의 문학을 연구하게 하고, 곳곳에 수도원 학교를 세워 교육에도 힘썼습니다. 이로써 중세 문화의 바탕이 마련되었습니다. 그의 그러한 업적들을 가리켜 '카롤링거 르네상스'라고 말합니다.

하지만 서로마 제국의 영광은 샤를마뉴 대제가 세상을 뜨면서 그리 오래가지는 못했습니다.

프랑크족에게는 자식들에게 유산을 고루 나누어 주는 풍습이 있었습니다. 샤를마뉴의 뒤를 이어 유일하게 살아남은 아들이었

독일 서부에 있는 아헨 대성당
문화 발전에도 힘을 실었던 샤를마뉴 대제가 세운 아헨 대성당입니다.

던 루트비히 1세가 서로마 제국의 황제가 됐을 때까지는 제국이 유지되었으나 그가 죽자 그의 세 아들이 영토 다툼을 벌였습니다. 결국 셋은 '베르됭 조약'을 맺어 영토를 분할해 다스리기로 했습니다. 이 조약에 따라 장남 로타르 1세는 이탈리아와 프랑크 중부 지방을, 둘째 루트비히 2세는 프랑크 동부 지방을, 셋째 샤를마뉴 2세는 프랑크 서부 지방을 각각 차지했습니다.

그러나 로타르 1세가 일찍 죽자 다시 싸움이 벌어졌습니다. 그러다가 870년 '메르센 조약'을 맺어 중부 프랑크는 동부와 서부 프랑크에 똑같이 나눠 주고 이탈리아만 로타르 1세의 아들이 물려받았습니다. 프랑크 왕국이 중프랑크, 동프랑크, 서프랑크, 이렇게 세 나라로 갈라지게 된 것입니다. 이들 세 나라는 각각 오늘날 이탈리아, 독일, 프랑스가 되었습니다.

이민족의 침입과 노르만족의 활약

샤를마뉴 대제가 죽고 프랑크 왕국이 분열될 무렵 제2차 민족 대이동이 일어났습니다. 동쪽에서 마자르족, 남쪽에서 이슬람 세력, 북쪽에서 노르만족이 침입하면서 벌어진 일입니다.

이들 중 가장 강력한 세력이었으며 큰 영향을 미친 것은 노르만족입니다. 그들은 '바이킹'이라 불리기도 했는데, 바이킹은 항해자라는 뜻입니다.

중세 바이킹의 항해를 재현한 모습입니다.

바이킹은 유럽인들에게 엄청난 공포의 대상이었습니다. 그들은 바다를 삶의 터전으로 삼아 살아가던 해적들로, 고향은 노르웨이의 피요르드 만으로 알려져 있습니다. 그래서 땅 위에서보다 바다에서 더 자유롭게 활동했습니다.

바이킹의 배에는 높이가 20미터 정도로 높이 솟은 뱃머리가 있고, 노나 돛을 이용하여 40명에서 60명을 태우고 한 시간에 20킬로미터의 속도로 항해할 수 있었습니다. 또 그들은 성격이 몹시 거칠어서, 그들이 휩쓸고 지나가면 농작물과 가축은 물론 사람도 살아남지 못했습니다.

이 바이킹이 8세기 말부터 분열된 프랑크 왕국을 습격하기 시작했습니다. 그들은 가을 추수가 끝날 무렵 도시나 마을을 습격해서 점령하고 살다가 봄이 오면 돌아갔습니다. 그래서 농민뿐 아니라 도시의 상인과 부자들까지도 해안과 강변에서 멀리 떨어진 내륙 지방으로 옮겨 가야 했습니다.

바이킹의 약탈은 계속 이어졌습니다. 서프랑크 왕은 그

바이킹 뱃머리
바이킹 배의 특징은 구조가 단단하고 매우 튼튼하며 모양이 길쭉하고 날씬하다는 것입니다.

바이킹과 러시아

러시아의 역사는 지금의 우크라이나 지역에 있었던 키예프 공국에서 시작되고, 키예프 공국은 노르만의 바이킹들이 세운 노브고로드 공국에서 시작됩니다. 그래서 러시아의 역사는 바이킹의 역사와 맞닿아 있습니다. 노르만 바이킹들이 흑해 북부 지역에 키예프 공국을 세운 것은 상업적인 이유 때문입니다. 흔히 바이킹을 북해에서 활동하는 해적들로 생각하지만 이는 사실과 다릅니다. 바이킹은 배를 이용하여 생활하던 사람들로 발달한 아랍 세계와 교역을 하기 위해 새로운 길을 개척하고자 했고, 그 과정에서 생긴 도시가 바로 키예프 공국입니다.

들을 달래기 위해 911년 바이킹의 두목 롤로에게 센 강 하류의 넓은 땅을 주며 평화 조약을 제의했습니다. 이 지역은 지금 노르망디 평원이라고 일컫는 프랑스 북부 지방으로, 후에 노르망디 왕국으로 발전했습니다.

바이킹들은 영국에도 침입해서 앵글로색슨족을 누르고 노르만 왕조를 세웠습니다. 이것은 나중에 잉글랜드 왕국으로 발전합니다.

창과 칼, 방패로 무장한 노르만족 전사
노르만족은 지중해와 대서양을 오가며 약탈을 일삼았습니다. 그들은 탐험 정신이 뛰어나 콜럼버스보다 먼저 아메리카 대륙을 발견했다고 알려져 있습니다.

바이킹들은 계속 지중해와 대서양을 누비며 온 유럽을 공포에 떨게 했습니다. 프랑스 북서 지방의 노르망디 공국, 지중해 지역의 나폴리 왕국, 시칠리아 왕국, 러시아 계열의 노브고로드 공국과 키예프 공국, 스칸디나비아 지역의 스웨덴, 덴마크, 노르웨이 등이 모두 이들 노르만족이 세운 왕조입니다.

또 그들은 대서양을 북서쪽으로 가로질러 멀리 아이슬란드와 그린란드에까지 진출했습니다. 아메리카 대륙을 처음 발견한 것도 이들 바이킹입니다.

한편 동프랑크 왕국은 마자르족의 침략에 시달렸습니다. 마자르족은 오늘날 헝가리인들의 조상으로 아시아계 사람입니다. 그들은 가축을 기르며 생활했고, 말을 타고 싸우는 데 익숙했습니다. 또 잔인성은 노르만족에 못지않았습니다.

그들은 아시아 지역에서 헝가리 대평원으로 이동해서 주변 지역을 마구 약탈했습니다. 그 뒤 100여 년 동안 마자르족은 유럽을 공포의 도가니로 몰아넣었습니다.

이들 마자르족을 물리치는 데 결정적인 역할을 한 것은 동프랑크의 국왕 하인리히와 그의 아들 오토 1세입니다. 그들은 10세기 중엽 두 번의 힘든 싸움 끝에 마자르족을 격퇴하는 데 성공했습니다.

교황 요하네스 12세는 962년에 마자르족을 물리친 오토 대제의 공을 인정해서 신성 로마 제국 황제라는 칭호를 내렸습니다. 신성 로마 제국은 그 뒤 약 2세기 동안 강한 나라로 군림했습니다.

또 다른 침입자인 이슬람 세력은 9세기 중엽부터 서아시아와 아프리카 북쪽 해안, 그리고 이베리아 반도를 침략해서 점령했습니다. 그리고 지중해로 진출해 이탈리아와 프랑스 연안을 침략했습니다. 그로 인해 서유럽과 동유럽의 연결이 끊어졌고, 서유럽은 비잔틴 제국의 영향으로부터 벗어나 독자적인 성격을 가진 문명으로 발전하게 되었습니다.

비잔틴 제국(동로마 제국)과 유스티니아누스

동서로 분열된 로마 제국 중 서로마는 게르만족의 침입으로 곧 멸망했지만 동로마 제국은 게르만족의 침략에 꿋꿋이 맞서

며 버텨 나갔습니다. 그래서 1453년 오스만 제국에 멸망할 때까지 약 천 년 동안 로마 제국 계승자의 자리를 지켰습니다.

동로마 제국의 수도는 비잔티움으로, 로마 제국과 구별하기 위해 동로마 제국을 '비잔틴 제국'이라 부르기도 합니다. 그 뒤 콘스탄티누스 황제에 의해 수도 비잔티움은 황제 자신의 이름을 본뜬 '콘스탄티노플'로 바뀌었습니다.

콘스탄티노플은 아시아와 유럽이 만나는 교통의 요지에 위치해 있습니다. 그래서 동방 무역과 세계 무역의 중심지로 발달하여 유럽 최대의 도시가 되었습니다. 현재 터키의 이스탄불이 바로 콘스탄티노플입니다.

비잔틴 제국은 유스티니아누스 황제가 통치하던 시기를 제외하고는 힘이 그리 강하지 못했습니다. 그러나 문화적으로는 로마 문화를 계승하고 발전시킨 바탕 위에 오리엔트 문화를 결합해서 '비잔틴 문화'라는 독특한 문화를 창조했습니다. 그것은 세계사적으로 큰 의미가 있는 일이라 하겠습니다.

동로마 제국의 세력을 크게 확장해서 고대 로마의 영광을 재현한 왕은 유스티니아누스 황제입니다. 그는 '잠자지 않는 황제'라는 별명이 붙을 정도로 부지런히 일한 성실한 황제였습니다.

유스티니아누스는 게르만족에게 짓밟힌 로마 제국의 명예를 되찾기 위해 군대를 일으켰습니다. 전쟁은 12년이나 계속되었습니다. 벨리사리우스라는 장군을 앞세워 진행된 이 전쟁에서 유스티니아누스 황제의 병사들은 아프리카의 반달 왕국과 이탈리아

유스티니아누스 황제
'잠들지 않는 황제'라고 불린 유스티니아누스 황제의 모자이크화입니다. 유스티니아누스 황제는 게르만족의 이동으로 인해 생긴 반달 왕국과 동고트 왕국을 정복하고, 법전을 만들어 사회를 정비했습니다.

성 소피아 대성당

성 소피아 대성당은 동로마 제국의 황제 유스티니아누스가 5년 동안 10만 명을 동원하여 지은 성당입니다. 지붕은 둥근 돔 형태로 만들어 중앙의 높이가 54미터나 되고, 그 안은 화려한 모자이크로 장식되어 있습니다. 10세기에 성 소피아 대성당의 안을 둘러본 키예프 공국의 왕 블라디미르가 "우리가 천국에 있는지 지상에 있는지 모르겠다." 라고 말했다는 이야기가 전해 옵니다.

반도의 동고트 왕국을 정복했습니다. 또 에스파냐 지방 서고트 왕국의 지중해 연안도 손에 넣었습니다. 그래서 이탈리아의 라벤나 시에는 동로마 제국의 총독부가 들어섰고, 지중해는 다시 '로마의 호수'가 되었습니다.

유스티니아누스 황제가 이룬 또 하나 빛나는 업적은, 로마 백성들이 지켜야 할 법을 만들어 책으로 펴낸 것입니다. 『유스티니아누스 법전』 또는 『로마 법전』이라고도 불리는 법전이 그것입니다. 그는 대로마 제국이 쇠퇴한 이유가 사람들이 법을 제대로 알지 못했기 때문이라고 생각해서 법전을 만든 것입니다.

황제는 아름다운 건축에도 정성을 쏟았습니다. 콘스탄티노플에 세운 성 소피아 대성당의 뾰족한 탑이나 건물 내부의 모자이크 무늬는 아름답기 그지없습니다.

그러나 유스티니아누스 황제가 죽은 뒤 왕위를 계승한 황제들의 무능과 귀족들의 사치와 부패로 나라는 혼란에 빠지게 됩니다. 게다가 이민족의 침입까지 겹쳐 동로마 제국은 많은 영토를 잃고, 급속하게 힘이 약해져 몰락의 길을 걷습니다. 그래서 롬바르드족과 프랑크족에게 이탈리아 반도를 빼앗기고, 7세기 이후에는 페르시아와 이슬람 세력에게 시리아와 이집트, 이베리아 반도까

군관구제와 둔전병제

동로마 제국은 거듭되는 외세의 침략을 막기 위해 콘스탄티노플에 강력한 성벽과 방어 무기를 갖추었습니다. 또 지방에도 군관구제와 둔전병제라는 강력한 군사 제도를 마련했습니다.
군관구제는 전국의 영토를 31개의 군관구로 나누고 황제가 직접 임명한 사령관을 보내 백성들을 다스리게 하는 제도입니다. 또 둔전병제는 농민들에게 군인이 되는 대가로 토지를 주어 경작하게 하는 제도입니다.

성 소피아 대성당 내부
겉보기에는 가톨릭 성당처럼 보이지만, 성 소피아 대성당은 정교회 대성당이며 이슬람교와도 깊은 연관이 있습니다. 현재는 박물관으로 쓰이고 있습니다.

지 빼앗깁니다. 그 결과 동로마 제국의 영토는 발칸 반도와 소아시아만 남게 되었습니다.

또 7세기 후반에는 이슬람 세력에게 수도 콘스탄티노플까지 침략당하지만, 다행히 레오 3세가 이들을 격퇴해 유럽 그리스도교 세계를 보호할 수 있었습니다. 그러나 셀주크 튀르크 세력에게 소아시아 땅을 빼앗기고, 13세기 초에는 같은 그리스도교인 십자군에게 콘스탄티노플을 점령당하는 수난을 겪게 됩니다. 그리고는 1453년 이슬람교도인 오스만 튀르크에게 결국 멸망하고 맙니다.

중세 유럽의 발전과 봉건 제도

8세기 말 서유럽은 큰 혼란에 휩싸여 있었습니다. 밖에서는 이슬람 세력과 마자르족, 노르만족 등이 사방에서 침략해 오고, 안으로는 프랑크 왕국의 분열로 외세의 침입을 막을 길이 묘연했습니다.

이런 상황에서 사람들은 스스로의 재산과 생명을 지키기 위한 방법을 생각해 냅니다. 힘이 강한 사람들은 약한 사람들을 보호해 주고, 약한 사람들은 그 대가로 충성을 바치는 방법입니다. 또 이 시기에는 지중해의 지배권을 이슬람 세력에게 빼앗겨 다른 지역으로 진출할 길이 막혀 있었습니다. 그래서 상공업은

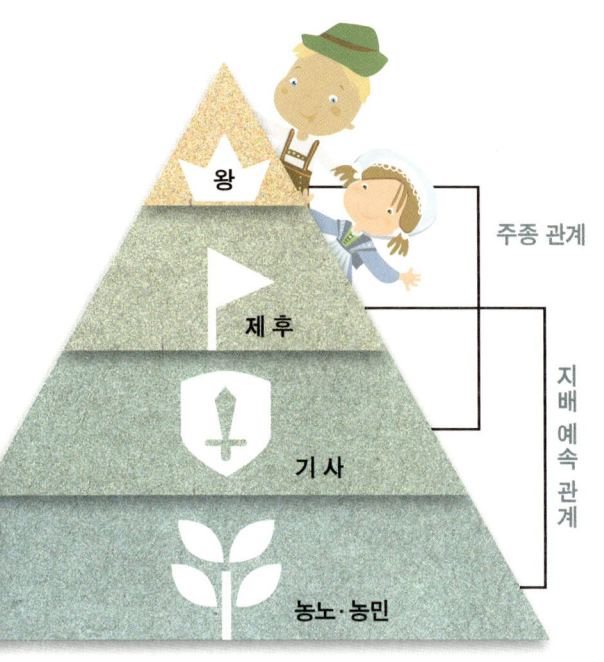

봉건 제도
봉건 제도는 계약으로 맺어진 계급 제도입니다. 왕과 귀족과 기사는 서로 계약을 맺었습니다. 봉건 제도를 뒷받침하는 여러 일은 맨 하층 계급인 농민이 담당했습니다.

쇠퇴하고 화폐 유통도 원활하지 못해, 토지가 가장 중요한 재산이며 농업이 유일한 생존 수단이 되었습니다.

이런 사회적 바탕 위에서 봉건 제도가 탄생했고, 그 뒤로 중세 유럽을 유지시키는 사회 질서가 된 것입니다.

봉건 제도는 토지를 사이에 두고 주종 관계가 맺어집니다. 토지를 주고 보호해 주는 사람은 '주군'이 됩니다. 그리고 토지를 받고 충성을 맹세하는 사람을 '봉신', 주어지는 토지를 '봉토'라 했습니다.

봉신의 가장 중요한 임무는 주군을 위해 싸우는 군사적 의무입니다. 또 주군은 봉토를 줘서 봉신의 생활을 보장해 주고, 생명과 명예를 보호해 주었습니다. 그러나 주군이라 할지라도 봉신이 자신의 영지 안에서 재판을 하거나 세금을 거두는 일에는 간섭하지 못했습니다. 그래서 봉건 제도를 지방 분권 체제라고 말하기도 합니다. 이와 같은 봉건 사회는 8세기 말부터 15세기까지 이어졌습니다.

봉건 제도는 마치 거대한 피라미드와 같은 구조를 이루고 있습니다. 나라 안에서 제일 높은 자리에 왕이 있고, 그 아래에는 왕을 받드는 크고 작은 영주들이 있습니다. 또 영주 밑에는 그 영주를 받드는 기사들이 있습니다. 그리고 그 피라미드의 가장 아래에 농민들이 있었습니다. 당연히 숫자도 농민들이 가장 많았습니다.

그러나 왕은 전 영토를 다스리는 것이 아니라, 영주들이 스스로 자신의 영토를 다스리도록 허락해 주고 그 대신 충성을 약속받았습니다. 또 힘없는 농민들은 수확한 곡식의 일부를 영주에게 바치고 영주를 위해 일하는 대신 외부의 적이나 다른 영주들로부터 보호받았습니다.

그런 관계는 작은 성의 영주와 큰 성의 영주 사이에도 똑같이 성립되었습니다. 작은 성의 영주는 큰 성의 영주에게 필요할 때에 군사를 보내 주고, 큰 성의 영주로부터 자신의 성을 보호받을 수 있었습니다. 이렇게 작은 성의 영주는 큰 성의 영주에게, 큰 성의 영주는 더 큰 성의 영주에게로 단계를 따라 올라가다 보면 왕에 이르게 됩니다.

영주들은 왕으로부터 받은 땅에 성을 쌓아서 장원을 만들었습니다. 그리고 그 장원 안에서 농민과 기사를 다스렸습니다. 장원은 성주들의 집이며, 적으로부터 자신을 지키는 요새이기도 했습니다. 그래서 그들은 적이 쉽게 침범하지 못하도록 높은 언덕이나 산 위에 성을 쌓아 장원을 만들었습니다.

장원의 성벽 둘레에는 도랑을 깊게 파서 물을 채웁니다. 또 성벽에는 창문 대신 긴 구멍이 있었는데, 병사들은 그 구멍을 통해 적에게 활을 쏘았습니다. 그러나 밖에서 활을 쏘아 그 구

호엔잘츠부르크 성
오스트리아의 호엔잘츠부르크에 있는 성으로 묀히스베르크 산 120미터에 있습니다. 1077년부터 세워진 이 성은 중부 유럽의 성 중에서 가장 크고 완벽한 형태의 성입니다.

멍을 맞히기는 매우 어려웠습니다.

적이 성을 공격하는 가장 흔한 방법은 큰 투석기로 성안을 향해 돌을 쏘아 날리거나, 파성추라는 기계로 성벽을 무너뜨리는 것이었습니다. 그러나 성을 무너뜨리는 데는 별 효과가 없었고, 공격하는 쪽이 오히려 큰 피해를 입는 경우가 많았습니다.

전쟁이 없을 때 성안은 평화롭고, 작은 왕국 같았습니다. 그러나 농민들의 삶은 고달팠습니다. 장원에 사는 농민들은 평생

영주에게 노동과 세금을 바쳐야 했고, 마음대로 이사도 못 했기 때문입니다. 그들은 거둔 곡식의 대부분을 영주에게 바쳤고, 마음대로 쉴 수 있는 권리도, 토지를 경작할 권리도 없었습니다. 또 영주의 방앗간을 사용하는 사용료를 내야 했고, 영주의 법정에서 재판을 받아야 했으며, 통행세, 결혼세와 사망세 등 각종 세금에 시달렸습니다. 삶과 죽음마저 영주에게 매어 있었다고 할 수 있습니다. 그래서 중세 농민을 농노라고도 합니다. 절반은 노예이고, 절반은 농민이라는 뜻입니다.

고달픈 삶을 견디다 못한 농민들은 더러 도망을 가기도 했습니다. 만일 1년하고 하루 동안만 잡히지 않으면 도망자는 자유인이 될 수 있었습니다. 그렇지만 그 전에 붙잡히면 가혹한 처벌을 받았습니다. 영주는 도망자를 심하게 매질하고, 불에 달군 쇠로 지지기도 했으며, 팔을 잘라 버리는 경우도 있었습니다.

중세 봉건 사회는 왕 외에 세 개의 신분이 있었습니다. 영주와 성직자인 기도하는 사람, 기사인 전쟁하는 사람, 그리고 일하는 사람인 농민입니다.

농민은 영주와 성직자, 기사의 생활을 모두 지탱하기 위해 힘겹고 비참하게 살아가던 노예 같은 존재였습니다. 그들이 고대의 노예와 다른 점은 매매나 양도의 대상이 아니고, 그리스도교를 믿고 교회에 십일조를 냈으며, 소작할 권리를 가지고 있었다는 것입니다.

기사는 '중세의 꽃'으로 불리기도 합니다. '기사답다'는 말이 있는데, 예의가 바르고, 의협심이 강하며, 특히 숙녀 앞에서 정중하게 행동하는 남자를 칭찬할 때 쓰는 말입니다. 그들은 자신보다 강한 자를 주군으로 섬기며, 주군의 요청에 따라 전쟁터에서 싸우는 역할을 했습니다. 또 영주의 지시에 따라 장원에서 농노를 지배하기도 했습니다.

기사는 '말 탄 군인'을 뜻하는 말이지만, 누구나 기사가 될 수 있는 것은 아니었습니다. 일정한 자격을 갖춘, 특별한 신분의

장 프랑수아 밀레의 〈이삭 줍는 사람〉(1851)
고단하고 힘든 농민들의 모습이 담겨 있습니다. 밀레는 농부들의 일상을 그린 화가로 유명하며 〈이삭 줍는 사람〉 이외에도 〈만종〉, 〈씨 뿌리는 사람〉 등의 그림이 유명합니다.

사람만이 기사가 될 수 있었습니다.

기사가 되려면 우선 귀족의 자제여야 합니다. 그들은 일고여덟 살이 되면 영주의 성으로 들어가 살면서 기사가 갖추어야 할 예절과 말을 타고 적과 싸우는 법 등을 배웁니다. 또 열네다섯 살이 되기까지 7, 8년 동안 다른 귀족의 성으로 가서 훈련을 받는데, 이 기간 동안 '시동'이라 불리며 귀족 부인의 심부름을 합니다. 그리고 귀부인은 시동의 선생님이 되어 종교, 음악, 사랑, 명예 등에 대한 여러 가지 지식을 가르쳐 줍니다.

기사들의 시합에서 유래한 토너먼트

토너먼트는 두 팀이 승부를 겨뤄 이긴 팀은 다음 단계의 경기에 나가고 진 팀은 탈락하는 경기 방식을 말합니다. 이러한 방식은 중세 기사들의 마상 시합에서 유래했습니다. 중세 기사들은 자신들의 무술 솜씨와 용기를 뽐내기 위해 말을 타고 서로 싸우는 경기를 즐겼습니다. 처음에는 창과 방패를 든 기사들이 두 패로 나뉘어 싸우는 모의 전투를 하다가, 나중에는 두 명의 기사가 겨뤄 승패를 가리는 방식으로 바뀌었습니다.

열네다섯 살이 되면 말의 사육에서부터 무술 연마까지 기사로서 필요한 군사 훈련을 받습니다. 그런 모든 과정을 거쳐 스무 살이 되면 교회에서 신부의 축복 속에 서임식을 갖고 독립된 기사가 됩니다. 이때 기사는 자신의 종교인 가톨릭과 힘없는 자를 보호하겠다는 선서를 하고, 선서가 끝나면 영주가 정식으로 기사의 명예를 내려 줍니다.

기사들이 해야 하는 가장 중요한 일은 전쟁입니다. 전쟁이 없을 때는 무예를 닦기 위해 사냥과 마상 시합을 즐겼습니다. 마상 시합은 갑옷을 입은 기사들이 긴 창을 들고 말을 달려 서로 겨루는 경기입니다.

중세에 기사가 처음 등장한 것은 프랑크 왕국의 카를 마르텔 재상 때입니다. 그는 이슬람 세력을 몰아내기 위해 말을 탄 병사를 많이 양성하고, 땅을 나눠 주었습니다.

또 봉건 사회가 맨 먼저 꽃핀 곳은 프랑스이고, 노르만족이 영국을 정복한 뒤 영국에서도 차츰 자리를 잡기 시작했습니다.

중세 기사 토너먼트
중세 기사들의 마상 시합 장면입니다.

중세 그리스도교

중세 그리스도교는 유럽인들의 정신에 가장 큰 영향을 미친 세계관이었습니다. 또 교회가 많은 영토를 소유하고 있어서, 농민을 지배하는 현실적인 권력이기도 했습니다.

또 교회 권력이 지나치게 세속화해서 그리스도교 본래의 정신으로 돌아가자는 수도원 운동이 일어나기도 하고, 세속의 각종 권리를 둘러싸고 국왕과 치열하게 대립하기도 했습니다. 그럼에도 불구하고 정치, 경제, 사회 등 여러 방면에 걸쳐 많은 변화가 일어나기 시작한 중세 말까지 그리스도교 교회는 모든 것을 초월하는 절대 권위를 유지했습니다.

서유럽을 장악한 로마 교회

313년 로마 황제 콘스탄티누스가 그리스도교를 인정한 이후 서양의 여러 나라에 많은 교회가 생겼습니다. 그러다가 이슬람 세력의 팽창으로 로마 제국의 말기에는 로마 교회들과 콘스탄티노플 교회들만 남았습니다.

그중 로마 교회는 로마 제국의 오랜 수도였을 뿐 아니라, 베드로와 바울 등 여러 순교자가 나온 곳이어서 전체 교회의 중심이 되었습니다. 또 로마 교회의 가장 높은 성직자를 교황이라고 부르면서 그리스도교의 대표자로 삼았습니다.

초기 로마 교황은 동로마 제국의 황제 아래에 있었습니다.

교황이 동로마 황제의 그늘에서 벗어난 것은 800년 프랑크 왕국의 샤를마뉴 대제에게 서로마 황제의 왕관을 씌워 주고, 962년에는 동프랑크 왕국의 오토 1세에게 신성 로마 제국의 황제 왕관을 씌워 주고 나서부터입니다.

서로마 제국이 멸망하고, 게르만 민족이 그리스도교로 개종하면서 로마 교회는 서유럽 일대에 그리스도교를 전파하기 시작합니다. 그 과정에서 프랑크 왕국으로부터 땅을 기증받아 교황령을 설치함으로써 세력이 더욱 강화되었습니다. 교황령은 누구의 간섭도 받지 않는 교회의 땅으로, 교황이 종교적인 지배권은 물론 정치적인 지배권까지 가지고 직접 다스리는 영토를 의미합니다.

또 로마 교회는 게르만인들에게 그리스도교를 효과적으로 전파하기 위해 성상(그리스도나 성모, 성자 등의 조각)을 사용했습니다. 그러나 콘스탄티노플 교회를 대표하는 동로마 황제 레오 3세는 그것을 우상숭배라 하여 726년 성상 숭배 금지령을 공포했습니다. 이 때문에 두 교회는 크게 대립하게 되었습니다.

대립을 계속하던 두 교회는 마침내 1054년에 완전한 결별을 선언합니다. 그래서 그리스도교회는 로마 교황을 중심으로 하는 로마 가톨릭과, 동로마 황제를 우두머리로 하는 그리스 정교회로 나뉘었습니다. 그것은 두 교회가 서유럽과 동유럽에서 각기 독립적인 성격을 가지고 발달하는 계기가 되었습니다.

로마 교회는 서유럽의 그리스도교를 교황청을 중심으로 대

가톨릭의 수장인 교황이 있는 바티칸 로마 교황청
이곳에서는 가톨릭의 여러 행사와 회의가 열리고 역사적으로 의미 있는 여러 문서들이 보관되어 있습니다.

주교, 주교, 사제라는 피라미드형 위계질서를 통해 관리했습니다. 이와 같은 조직이 정비된 것은 11, 12세기입니다.

통일적인 교회 조직을 가지고 있었던 로마의 교황청과 달리 유럽의 여러 나라들은 아직 왕권이 미약하여 늘 정치적 분쟁과 전쟁의 위협에 놓여 있었습니다. 그래서 교황은 종교 지도자로서의 역할뿐 아니라, 현실 정치에서도 상대적으로 커다란 권위를 갖게 되었습니다.

서로마 제국의 몰락으로 시작된 중세 유럽

각 지방의 주교와 수도원은 그러한 권위에 힘입어 왕과 귀족들로부터 많은 땅을 기증받을 수 있었습니다. 그래서 교회가 가진 땅이 서유럽 전체 땅의 4분의 1이 될 정도로 가톨릭 교회의 세력은 커졌습니다. 그래서 교회들은 영주들과 마찬가지로 땅과 농민들을 다스렸습니다. 누가 태어나거나, 결혼을 하거나, 죽거나 하면 교회가 주관을 했고, 죄를 지은 사람에 대해서 재판하는 권한까지 행사했습니다. 교회의 힘이 그렇게 커지자, 로마 교황청은 국왕이나 황제보다 권세가 더할 때가 많았습니다.

또 교회는 '파문'이라는 무서운 무기를 가지고 있었습니다.

파문은 신도의 자격을 빼앗고, 교회에서 내쫓는 것을 말합니다. 가톨릭 교회의 명령을 어기면 하느님의 나라에 갈 수 없고, 교회의 규칙을 지키지 않으면 구원을 받을 수 없다고 믿었던 중세 사람들에게 파문은 공포의 대상이 아닐 수 없었습니다.

교회는 스스로 신의 역할을 대리한다고 생각했습니다. 그래서 봉건 영주들의 전쟁에도 간섭했고, 교회의 재판은 세상 모든 일에서 최고의 권위를 발휘했습니다. 교회의 권위와 부가 이렇듯 증가하면서 성직자들은 사치와 향락에 빠져들었습니다.

또 교황의 힘이 커지면서 국왕과 교황 사이에 세력 다툼도 벌어졌습니다. 세력 다툼은 11세기 이후 약 2세기 동안 격렬하게 벌어졌는데, '성직자를 누가 임명할 것이냐?', '교회의 영지에 대한 세금은 누가 거둬야 옳으냐?', '재판권은 누구에게 있느냐?' 등이 주요 다툼의 원인이었습니다.

성직자에 대한 임명권은 처음에는 황제가 가지고 있었습니다. 그러다 보니 인품과 상관없이 황제의 입맛에 맞는 사람을 성직자로 임명하는 경우가 많았고, 그것은 교회 부패의 원인이 되었습니다.

그러한 폐해를 막기 위해 1075년 교황 그레고리우스 7세는 칙령을 발표하여 왕들이 성직자를 임명하지 못하게 했습니다. 성직자의 임명을 교황만이 할 수 있게 한 것입니다.

교황이 황제의 성직자 임명권을 박탈하자, 신성 로마 제국 황제 하인리히 4세는 강하게 반발했습니다. 그는 왕권도 신이 내린 신성한 지위이므로 교황이 성직 임명권을 독점해서는 안 된다고 주장했습니다. 그래서 교황과 황제 사이에 심각한 충돌이 빚어졌습니다.

동유럽의 그리스도교, 그리스 정교회

동로마 제국에서 예수나 마리아 등을 조각하거나 그린 성상을 숭배하는 문제에 대한 논쟁이 일어나자, 동로마 황제 레오 3세는 교회에서 성상을 없애라고 지시했습니다. 그러나 로마 교회는 이를 받아들이지 않았습니다.

그 문제로 동로마 교회는 로마 교회와 결별하고, 자신들이 정통이라는 의미로 '정교회'라고 불렀습니다. 그 뒤 동유럽의 그리스도교를 로마 가톨릭과 구분하여 '그리스 정교회'라고 하는데, 오늘날에도 러시아를 비롯한 동유럽에서 많이 믿고 있습니다.

종교 생활에 대한 생각이 서로 다른 탓에 로마 가톨릭과 그리스 정교회는 서로 대립하기는 했지만, 두 종교 모두 '그리스도교'라는 이름으로 시작된 종교라는 점에서는 뿌리가 같습니다.

러시아 모스크바에 있는 성 바실리 대성당
알록달록한 색과 화려한 장식, 동화에나 나올 것 같은 모양이 무척이나 화려한 이 그리스 정교회 성당은 현재 박물관으로 사용되고 있습니다.

카노사의 굴욕

1076년, 신성 로마 제국 황제 하인리히 4세는 로마 교회의 종교 회의에 편지를 보내 교황을 새로 뽑을 것을 주장했습니다. 그리고 제국 국회를 소집해서 교황 그레고리우스 7세를 폐위시킨다는 결의안을 통과시켰습니다.

교황은 이에 맞서 황제에게 교황청 명령에 순종할 것을 여러 차례 권유했습니다. 황제는 교황의 권유를 받아들이지 않았습니다.

교황 그레고리우스 7세는 황제에 대한 파문을 선고하고 그리스도교도들에게 하인리히 황제와의 접촉을 금지했습니다. 또 신하들에게도 더 이상 황제에게 충성하지 말 것을 지시했습니다.

이에 모든 그리스도교인들은 황제를 불경한 인물로 생각했고, 황제의 반대 세력이었던 독일의 성직자와 제후들은 황제의 퇴위를 주장했습니다. 또 황제를 지지하던 영주와 성직자들도 등을 돌렸습니다.

교황은 파문이 취소되지 않으면 1077년 2월 독일 아우크스부르크에서 열리는 회의에서 황제를 내쫓기로 결의했습니다.

이와 같은 소식을 들은 하인리히 황제는 처음에는 코웃음을 쳤습니다. 그러나 자기가 임명한 성직자들까지 등을 돌리자, 황제는 더 이상 교황과 맞서 싸울 수 없다는 것을 깨달았습니다. 그는 결국 교황을 직접 만나 용서를 빌기로 결심했습니다.

카노사의 굴욕
하인리히 4세가 카노사 성에서 용서를 구하는 모습입니다. 하인리히 4세가 교황에게 용서를 구하며 맨발로 잘못을 빈 것을 '카노사의 굴욕'이라 하는데 이것은 교황의 권위가 황제의 권위보다 크다는 것을 나타낸 사건입니다.

황제는 왕비와 왕자, 그리고 몇몇 신하들을 거느리고 교황이 있는 카노사 성으로 향했습니다. 그때 교황은 토스카나 백작 부인인 마틸다의 카노사 성에서 쉬고 있었습니다.

황제 일행은 라인 강을 건너, 알프스를 넘었습니다. 그해 겨울은 유난히 추워서 라인 강은 물론 알프스 남쪽의 포 강까지 얼어붙을 정도였습니다. 멀고 험난한 여정이었습니다.

황제 일행은 말할 수 없는 고생 끝에 카노사 성에 도착했습니다. 그러나 교황은 황제가 진정으로 반성하는 모습을 보여야 한다며 만나 주지 않았습니다.

결국 황제는 카노사 성문 앞에서 얇은 겉옷만 걸친 채 맨발로, 모자도 쓰지 않은 채 사흘 밤낮을 눈 속에 서서 눈물을 흘리

이탈리아 카노사 성
하인리히 4세가 교황에게 용서를 빌었던 카노사 성입니다.

며 잘못을 빌었습니다.

교황은 마침내 하인리히 황제에 대한 파문을 거둬들였습니다. 이것이 역사상 유명한 이른바 '카노사의 굴욕'이라는 사건입니다.

신성 로마 제국의 황제가 교황에게 굴복한 이 사건은, 당시 교황의 권력이 얼마나 강했는지를 잘 보여 주는 일입니다. 그러나 하인리히 4세는 한때의 굴욕을 새로운 출발의 기회로 삼았습니다. 파문에서 사면된 황제는 깊은 원한을 품고 돌아와 왕권을 강화하는 데 온 힘을 쏟았습니다. 그래서 1080년 교황이 하인리히 4세의 역습을 받아 로마에서 추방되기도 했습니다.

그러나 그 뒤 하인리히 5세와 교황 칼릭스투스 2세 사이에 대타협이 이루어져 보름스 협약이 체결됩니다. 협약의 내용은 성직 임명권은 교황에게 있고 정치적 권리는 황제에게 있다는 것이었습니다. 그렇게 해서 프랑크 왕국 이후 국왕이 가졌던 성직 임명권을 교황이 갖게 되었고, 그것은 교황이 황제보다 우위에 있다는 것을 분명히 한 것이었습니다.

'카노사의 굴욕' 이후 중세가 끝날 때까지 그치지 않았던 교황과 국왕 사이의 갈등은 그렇게 막을 내렸고, 그 이후 200년 동안은 교황의 전성 시대라고 할 수 있습니다. 그래서 교황 인노켄티우스 3세는 '교황은 태양이며, 황제는 그 빛을 빌려 살짝 반짝이는 달'이라고 말했을 정도입니다.

초대 교황인 베드로의 석상과 교황 성좌 문장
베드로가 들고 있는 열쇠는 예수로부터 받은 천국의 열쇠를 의미합니다. 그래서 교황 성좌 문장 역시 이 열쇠가 그려져 있습니다. 천국의 열쇠는 교황의 힘과 권위를 상징합니다.

중세의 대학

12세기가 되면서 교회와 수도원에 부속 학교가 설립되었습니다. 학교에서는 문법과 수사학, 논리학, 수학, 천문학, 음악, 기하학을 가르쳤습니다. 이들 일곱 과목은 학문의 일곱 형제와 같았습니다.

문법은 말하는 법을, 논리학은 진리, 수사학은 말을 꾸미는 법을 가르칩니다. 또 음악은 노래 부르고, 수학은 계산하고, 천문학은 별을 연구하는 법을 가르칩니다. 수도원 부속 학교 학생들은 4원소와 붙박이별이나 별똥별의 운행에 대해서 공부했습니다. 또 동방의 아라비아인과 서방의 그리스인을 통해 아리스토텔레스, 프톨레마이오스 등 고대 학자들의 책을 전해받기도 했습니다.

12세기 후반에는 이탈리아에 법률학교가 세워졌고, 파리에는 신학교가 세워졌습니다. 오늘날의 대학은 바로 이러한 학교들에서 시작된 것이라고 할 수 있습니다.

수도 생활의 아버지로 불리는 성 안토니우스

이탈리아의 볼로냐 대학은 가장 오래된 대학으로 인정받고 있는데, 일반 교양에서부터 의학과 신학, 과학 등 여러 과목을 가르쳤으며 특히 법률학 과목이 유명했습니다. 이곳에서는 이르네리우스가 로마법을 가르치고, 그라티아누스는 교회법을 가르쳐서 법학의 중심지가 되었습니다. 이 두 교수는 중세 최대의 법학자로, 그들의 가르침을 받기 위해 전 유럽에서 학생들이 모여들 정도였습니다.

볼로냐 시
최초의 대학이 있는 볼로냐 시의 모습입니다. 대학이 생긴다는 것은 여러 학문이 모이고 그것을 가르칠 뛰어난 교수들과 배우려는 학생들이 있다는 뜻이기도 합니다.

파리 대학은 신학 강의로 이름을 떨쳤습니다. 등에 짐을 지고, 손에 지팡이를 든 순례자들이 파리를 향해 갑니다. 순례자들은 대부분 청소년들입니다. 그들이 파리로 가는 것은 성자의 유골에 참배하기 위해서도, 수도사를 만나기 위해서도 아니었습니다. 바로 노트르담 사원의 학교에 입학해서 아벨라르두스의 강의를 듣기 위해서였습니다. 그는 저명한 신학자로, 그의 신학 강의를 듣기 위해 5,000명이나 모여들었다니 놀라운 일이 아닐 수 없습니다.

대학을 졸업한 학생은 전문적인 분야에서 일했습니다. 문학을 공부한 학생은 작가나 행정가나 교사, 법학을 공부한 학생은 로마법을 사용하는 나라에서 법률가나 관리, 신학을 공부한 학생은 신학교 교수나 높은 성직자가 되었습니다.

대학은 이처럼 중세의 문화 발전에 크게 이바지했습니다.

중세의 문화

중세 서유럽의 모든 사람들은 그리스도교를 믿었습니다. 그래서 문화도 교회를 중심으로 발달했습니다.

이 시기에는 모든 것이 신에 의해 설명되었기 때문에, 유일한 진리는 그리스도교 교리였고, 가장 발달한 학문은 신학이었습니다. 따라서 인간과 자연에 대한 어떠한 자유로운 해석도 허락되지 않았고, 철학도 신학을 위해 존재했습니다. 또 교육, 미술, 건축, 문학 등 다른 분야도 모두 그리스도교의 울타리 안에서 발달

멜크 수도원
멜크 수도원은 오스트리아와 독일을 통틀어 가장 큰 바로크 양식의 수도원으로 로마 가톨릭의 본거지였습니다.

했습니다.

중세를 대표하는 철학은 스콜라 철학입니다. 토마스 아퀴나스는 신앙과 이성의 조화를 꾀했는데, 이를 스콜라 철학이라고 합니다.

또 중세에는 봉건 기사들의 모험담과 사랑을 다룬 문학이 크게 성행했습니다. 이슬람과의 전쟁에서 활약한 롤랑의 용맹함을 다룬 '롤랑의 노래', 게르만족 고유의 전설을 노래한 '니벨룽겐의 노래', 기사들의 충성심과 영웅담을 담은 '아서 왕 이야기' 등이 대표적인 작품입니다.

건축과 미술 분야도 마찬가지입니다. 교회와 수도원의 건축과 그 장식이 중세의 건축과 미술을 대표합니다.

중세 전기에는 로마네스크 교회 건축 양식이 유행했습니다. 유럽 남부에서 유행한 이 양식은 로마식 반원형 아치와 돔형 천장이 특징입니다. 지붕을 받치기 위해 벽을 두껍게 만들고 창을 작게 만들어 교회 안이 어둡다는 것이 단점이지만, 겉보기에 무게감이 있어 보여 신이 깃든 세계의 장엄함을 잘 표현했다는 장점을 가지고 있습니다. 피사의

고대의 학문을 근대로 이어 준 수도원

교회의 부와 권력이 증가하면서, 교회는 초기 그리스도교의 정신을 잃고 사치와 향락에 빠졌습니다. 그와 같은 교회의 세속화에 반대해서 수도원 운동이 일어났습니다. 서유럽 수도원의 기초를 닦은 인물은 수도사 성 베네딕트입니다. 그는 이탈리아에 수도원을 세우고 수도사들에게 청빈, 정결, 순종을 맹세하게 했으며, 학문 연구를 권장하고, 노동을 하느님에 대한 성스러운 봉사로 존중하게 했습니다. 그래서 수도원은 엄격한 고행과 금욕 생활을 하는 성직자의 수도 장소가 되었습니다.

또 그러한 과정을 통해 게르만족의 이동으로 단절의 위기를 맞은 로마의 고전 문화가 보전될 수 있었습니다. 수도원의 부속 학교를 '스콜라'라 하는데, 중세 철학을 대표하는 '스콜라 철학'도 여기에서 탄생했습니다. 그래서 수도원은 중세 학문 연구와 교육의 중심지가 되었고, 고대의 문화유산을 근대에 이어 주는 징검다리 역할을 했습니다.

고딕 양식의 대표적 건물 쾰른 대성당
쾰른 대성당의 높고 뾰족한 첨탑은 천국에 닿고자 하는 인간의 희망을 표현한 것으로 알려져 있습니다.

사탑으로 유명한 이탈리아의 피사 성당이 로마네스크 양식의 대표적인 건축물입니다.

12세기 이후에는 고딕 양식이 발달했습니다. 고딕 양식은 게르만족의 한 갈래인 고트족의 양식이라는 뜻으로, 높고 뾰족한 첨탑과 화려한 스테인드글라스가 특징입니다.

이 양식의 건물은 천장이 높고, 천장의 무게를 나누어 받치는 바깥 기둥들을 만들어 벽을 얇게 만들 수 있습니다. 그리고 얇아진 벽에는 화려한 스테인드글라스로 꾸민 창을 만들어 색색의 스테인드글라스를 타고 들어오는 빛이 교회 안을 밝고 영롱하게 비추었습니다. 또 천장에서 하늘로 높이 솟은 첨탑은 천국을 향한 중세인의 소망을 나타내는 것이었습니다.

고딕 양식의 대표적 건축물은 노트르담 성당과 쾰른 성당입니다.

'니벨룽겐'의 노래 사본
게르만족의 전설이 담긴 '니벨룽겐의 노래' 입니다. '니벨룽겐의 노래'에는 사랑 이야기와 전쟁 이야기, 복수에 관한 이야기 등이 담겨 있어 중세의 걸작으로 손꼽힙니다.

서로마 제국 몰락부터의 중세 유럽 연표

2. 아틸라, 훈족의 왕이 됨

아틸라가 훈족의 왕이 되어 전 유럽을 공포에 떨게 합니다. 훈족의 침입으로 인해 게르만족이 이동하게 되고, 결국 게르만족은 로마를 무너뜨려 유럽에 커다란 변화가 찾아오게 됩니다.

아틸라가 새겨진 메달입니다. 메달에는 '신의 재앙 아틸라'라고 쓰여 있습니다.

433년

4. 교황, 샤를마뉴 대제를 서로마 황제로 인정함

교황은 샤를마뉴를 서로마 제국의 황제로 인정했고, 샤를마뉴 대제 역시 자신을 지지하는 서로마의 교황을 보호합니다.

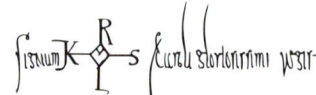

샤를마뉴 대제의 이름으로 만든 문자입니다. 서로마의 외교 문서에 쓰였다고 합니다.

800년

313년

496년

962년

1. 로마 황제 콘스탄티누스, 그리스도교 공인

콘스탄티누스 황제가 그리스도교를 믿어도 좋다고 공식적으로 허락을 함으로써 기독교는 유럽 사회 전체로 퍼져 나갈 수 있었습니다.

3. 프랑크 왕국의 클로비스 왕, 가톨릭으로 개종

게르만족이 세운 여러 나라 중 하나인 프랑크 왕국의 클로비스 왕이 가톨릭 신자가 됩니다. 게르만족이 이전의 로마 제국과 함께한다는 것을 뜻하는 사건입니다.

프랑스에서 발행된 클로비스 왕의 우표입니다.

6. 교황, 동프랑크 왕국의 오토 1세를 황제로 인정함

교황이 동프랑크 왕국의 오토 1세를 신성 로마 제국의 황제로 인정합니다. 이를 통해 교황은 동로마 제국의 영향권에서 벗어나려 합니다.

독일 아헨 대성당에 있는 오토 1세의 왕좌입니다. 샤를마뉴 대제도 이 왕좌를 사용했다고 합니다.

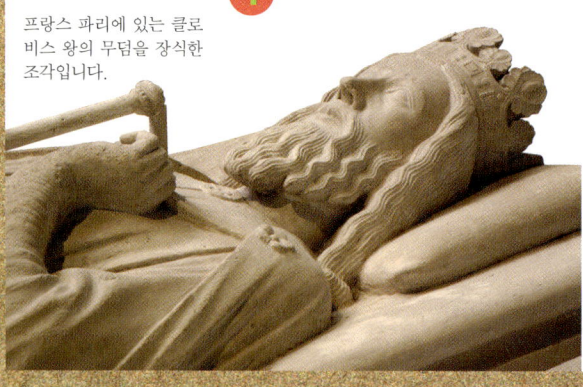

프랑스 파리에 있는 클로비스 왕의 무덤을 장식한 조각입니다.

8
정복자 윌리엄 1세, 영국 노르만 왕조 성립

정복자 윌리엄 1세가 헤이스팅스 전투에서 승리하며 영국에 노르만 왕조를 세웁니다. 그는 영국에서 봉건 제도의 기초를 다지고 노르만인들이 영국의 지배 계급이 되게 하기 위해 노력했습니다.

정복자 윌리엄 1세의 동판화 초상입니다.

10
신성 로마 제국 하인리히 4세, 카노사 성에서 교황에게 용서를 구함

교황 그레고리우스 7세의 칙령에 반발한 하인리히 4세는 파문당합니다. 하인리히 4세는 맨발로 카노사 성 앞에서 교황에게 용서를 구하는데 이를 '카노사의 굴욕'이라 합니다.

하인리히 4세가 맨발로 교황에게 용서를 구하기 위해 고뇌하는 모습입니다.

1066년

1077년

1000년

1075년

1088년

7
레이프 에이릭손, 아메리카 대륙 발견

아이슬란드 탐험가 레이프 에이릭손은 유럽인 가운데 최초로 아메리카를 발견했습니다. 그가 발견한 지역은 현재 캐나다의 뉴펀들랜드 지역입니다.

9
교황 그레고리우스 7세, 칙령 발표

교황 그레고리우스 7세의 칙령으로 인해 성직자를 임명할 수 있는 권한은 오직 교황만이 가지게 되었습니다.

11
세계 최초의 대학, 볼로냐 대학 설립

세계 최초의 대학이 이탈리아 볼로냐에 세워집니다. 초기에는 교회법 등을 강의했고 현재에도 많은 학생들이 배움을 얻고 있습니다.

그린란드에 있는 레이프 에이릭손의 동상입니다.

세계 최초의 대학, 볼로냐 대학의 문장입니다.

아랍 세계의 발전

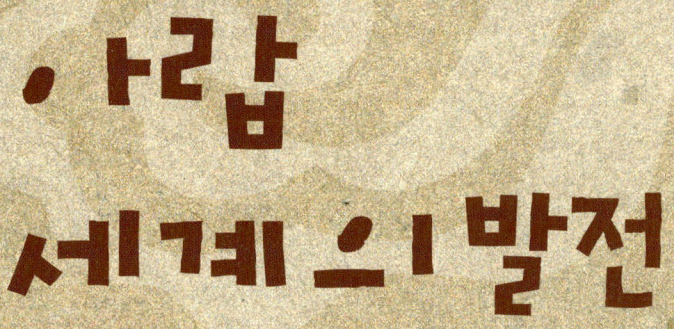

유럽은 아시아와 맞닿아 있어 오랜 세월 동안 서로 영향을 주고받았습니다. 중세의 유럽에서 경직된 사회 분위기와 여러 침략으로 인해 학문과 예술이 발달하지 못하고 있을 때 아랍에서는 많은 발전이 이루어졌고, 이러한 아랍의 지식이 나중에 유럽으로 흘러들어 갑니다. 화려하고 아름다운 문화를 꽃피운 아랍의 중세 속으로 함께 떠나 봅시다.

아랍 세계의 발전

마호메트와 이슬람교

광활한 사막 아라비아 반도에는 예로부터 아랍인들이 살고 있었습니다. 그들은 가축을 몰고 오아시스를 찾아다니는 유목민들로, 비가 많이 오는 지역에서는 더러 농사를 짓는 부족도 있었습니다.

그들은 일찍부터 낙타 등에 물건을 싣고 다니며 이웃 나라 사람들과 장사를 했고, 그래서 무역이 발달해 메카 같은 도시가 탄생하기도 했습니다. 그러나 서양처럼 하나의 나라에 소속되어 있지는 않았고, 종교도 제각각이었습니다. 그러한 아라비아를 하나의 힘으로 묶고 일깨워서 세계 역사에 뚜렷한 흔적을 남기도록 이끈 것이 이슬람교입니다.

이슬람교를 창시한 예언자 마호메트는 서기 570년경에 메카에서 태어났습니다. 그는 태어난 지 두 달 만에 아버지를 여의었고, 여섯 살이 되던 해에는 어머니마저 잃었습니다. 그래서 작은아버지 아부타레부의 집에서 자랐습니다.

그 무렵 메카에서는 카바 신전에 여러 신을 모셔 놓고 있었습니다. 그중에서 제일 큰 신으로 떠받든 것은 하늘에서 내려왔다는 커다란 검은 돌이었습니다. 마호메트는 어린 시절부터 아라비아의 여러 지역에서 모여든 사람들이 그 검은 돌을 신이라 떠받들며 절하는 것을 보고 이상하게 생각했습니다.

마호메트는 12살이 되었을 때 처음으로 작은아버지를 따라 무역에 참가해서 시리아 국경까지 여행했습니다. 그리고 그 뒤에도 여러 차례 여행을 했는데, 그때마다 유대인의 신과 그리스도에 대한 이야기를 들었습니다. 그 영향을 받아 그는 '신은 오직 한 분'이라는 믿음을 가졌습니다.

청년이 된 마호메트는 조카 튜지마의 소개로, 남편을 잃은 큰 부자인 카디자의 재산

새로운 무역로와 함께 발전한 이슬람교

이슬람교가 탄생하기 이전 아라비아 반도에 살던 사람들은 부족 단위로 살아가면서 오아시스를 중심으로 유목 생활을 하거나 농사를 지었습니다. 또 섬기는 신도 부족마다 달랐습니다. 그러던 중 6세기 후반부터 아라비아 반도가 동서 무역로로 각광을 받기 시작했습니다. 그래서 아라비아 반도의 해안이 북적대고, 메카와 메디나 같은 곳들이 상업 도시로 성장했으며, 유목 생활을 하던 아랍인들은 상업과 대외 무역을 생업으로 삼게 되었습니다.

마호메트가 부족을 초월하는 사랑을 강조하며 이슬람교를 전한 것은 바로 그 무렵입니다. 아랍인들은 생활 환경이 바뀌면서 예전의 원시적인 신앙에 만족하지 못하고 마호메트의 가르침을 크게 환영했습니다. 그래서 이슬람교는 빠르게 아라비아에 뿌리를 내렸습니다.

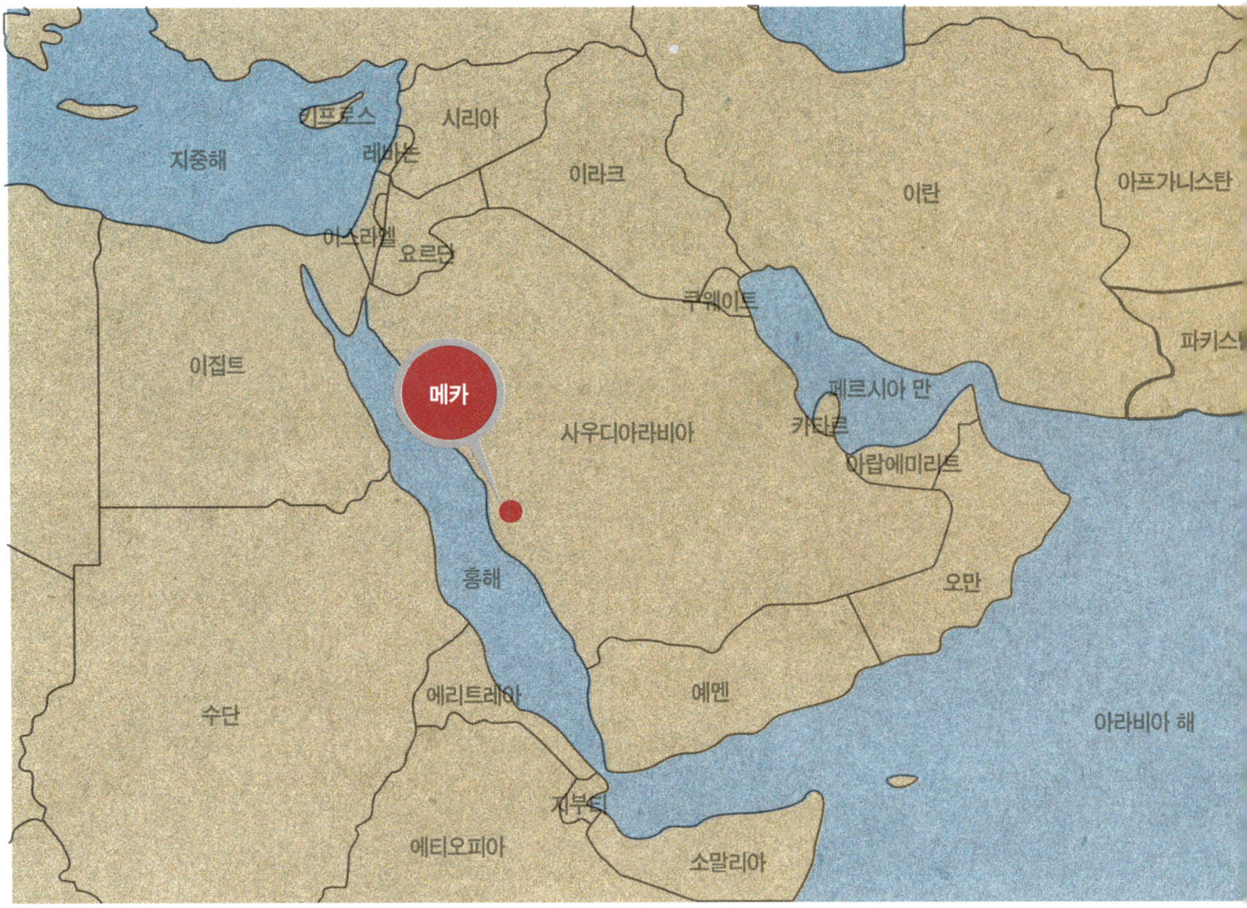

사우디아라비아에 있는 메카
메카는 이슬람교의 가장 중요한 성지 가운데 하나입니다.

관리인으로 들어갔습니다. 그리고 먼 곳까지 장사를 다니며 여러 종교에 대해서 많은 지식을 얻었습니다. 그사이 카디자는 마호메트에게 사랑을 느껴 두 사람은 결혼했고, 마호메트는 메카에서 손꼽히는 부자가 되었습니다.

마호메트는 큰 상인으로 활동하면서, 메카 시에서 그리 멀지 않은 헤라라는 골짜기에 있는 동굴에 들어가 명상을 즐기며, 인생의 진리를 찾으려고 애썼습니다.

천사 가브리엘로부터 계시를 듣는 마호메트의 모습
가브리엘은 마호메트에게 '알라'의 가르침을 전합니다. 가브리엘로부터 계시를 전해 받은 마호메트는 이후 이슬람교의 창시자가 되어 널리 알라의 가르침을 퍼뜨립니다.

어느 날 마호메트가 동굴 속에서 명상하고 있는데 한 천사가 나타났습니다. 성모 마리아에게 나타났던 대천사 가브리엘입니다.

마호메트는 대천사 가브리엘을 통해 '알라' 신의 계시를 받게 됩니다. 그리고 그 계시를 세상에 전하기 시작했습니다. 그는 스스로를 알라의 예언자라고 말하며, 신은 오직 한 분 알라뿐이고, 알라를 믿고 올바르게 행동하면 신분이나 재산과 관계없이

이슬람의 성지, 메카에 모인 사람들
이슬람교인들은 살아생전에 반드시 메카에 들러야 한다고 합니다. 메카는 오직 이슬람교도들만 들어갈 수 있습니다.

누구나 천국에 갈 수 있다고 말했습니다. 또 신 앞에서는 누구나 평등하다고 외쳤습니다.

그때 마호메트의 나이 마흔 살이었습니다.

마호메트는 먼저 자신의 깨달음을 아내 카디자에게 전했습니다. 다음에는 조카이자 친구인 튜지마에게, 그다음에는 하인들에게, 이런 식으로 점점 많은 사람들에게 전파했습니다.

마호메트의 외침에 가장 환호한 것은 노예와 가난한 사람들이었습니다. 신 앞에서는 모든 사람이 평등하다는 주장 때문입니다.

마호메트의 외침은 수많은 사람들의 마음속으로 파고들었고, 그를 따르는 신도들도 계속 늘어났습니다. 그는 이슬람교의 교주가 되었습니다. 오늘날 중동 지역 사람들이 믿는 회교가 바로 이 이슬람교로, '이슬람'은 신에게 복종해야 한다는 뜻입니다.

마호메트를 따르는 사람이 많아지자 귀족들은 그를 위험인물로 여기기 시작했습니다. 그의 주장들이 기존 질서를 위협한다고 생각했기 때문입니다. 그들은 마호메트가 신성한 카바 신전의 검은 돌을 믿지 않는다며, 그와 그를 따르는 사람들을 박해하기 시작했습니다.

마호메트는 박해 속에서도 메카에 머물며 설교를 계속했습니다. 그러던 중 야스리브에서 온 신도들에게 설교를 하고 있을 때 군대가 들이닥쳤습니다. 마호메트는 어둠을 틈타 따르는 무리들과 함께 메카를 빠져나와, 야스리브로 갔습니다.

이슬람교인들이 반드시 지켜야 할 다섯 가지 의무

무슬림, 즉 이슬람교인이라면 반드시 지켜야 할 다섯 가지 의무가 있습니다. 이슬람교에서는 이를 '5행'이라고 합니다.

무슬림의 첫 번째 의무는 하루 다섯 번씩 기도를 해야 한다는 것입니다. 두 번째 의무는 기도를 할 때에는 반드시 '알라 이외에 신은 없다. 마호메트는 예언자다.'라고 말해야 합니다. 세 번째 의무는 부자들에게 해당되는 것으로, 가난한 사람들을 위해 반드시 재산의 일부를 내놓아야 합니다. 그래야 알라 앞에 모두 평등해질 수 있다고 믿었습니다.

네 번째 의무는 일 년에 한 번, 한 달 동안 해가 떠서 질 때까지 음식을 먹지 않아야 한다는 것입니다. 이슬람 달력으로는 9월이 이 기간으로, 이때는 물도 마실 수 없고 담배를 피워도 안 됩니다. 이 기간을 '라마단'이라고 합니다. 그러나 오늘날 우리가 쓰는 달력과 이슬람 달력이 다르기 때문에 라마단이 매년 똑같지는 않습니다. 마지막인 다섯 번째 의무는 성지 순례입니다. 무슬림은 평생에 한 번은 반드시 종교적으로 중요한 장소인 성지를 모두 돌아봐야 합니다.

무슬림들은 이와 같은 다섯 가지 의무를 완벽하게 수행해야 천국에 갈 수 있다고 믿습니다.

야스리브는 메카에서 400킬로미터쯤 떨어진 곳에 있는 도시입니다. 야스리브 시민들은 환호하며 마호메트를 맞이했습니다. 그곳 사람들도 이미 마호메트의 가르침을 잘 알고 있었기 때문입니다.

마호메트가 야스리브로 피신한 것은 서기 622년으로, 이슬람교에서는 그해를 '헤지라'라 부르며, 그들 기원의 원년으로 삼고 있습니다. 또 야스리브 시는 이때부터 '메디나'라 불리며 메카와 함께 이슬람교의 성지가 되었습니다.

코란이냐 칼이냐?

메카에서 박해를 받았던 마호메트는 메디나에서 크게 환영받으며 많은 사람들에게 가르침을 펼쳤고, 제자들은 그의 가르침을 열심히 받아 적었습니다. 그 가르침의 기록을 모은 것이 이슬람교의 경전인 '코란'입니다.

그런데 마호메트에게는 늘 마음에 걸리는 일이 있었습니다. 그가 태어난 고향인 메카에서 자신의 가르침을 거부하고 있는 것이었습니다. 그는 어떤 일이 있어도 메카 시를 알라의 신앙

이슬람의 경전 코란
코란은 예언자 마호메트가 610년 이후 23년간 알라에게 받은 계시를 기록한 이슬람교의 경전입니다.

코란의 한 쪽
코란을 보관할 때에는 항상 모든 책들보다 위에 놓아야 하며, 책을 펼치기 전에 손을 깨끗이 씻어서 더럽히지 말아야 한다는 규칙이 있습니다.

앞에 무릎 꿇도록 하겠다고 결심했습니다.

마호메트의 결심이 메카에 전해지자, 그를 박해했던 사람들은 분노했습니다. 그들은 군대를 동원해 메디나를 공격했습니다. 그러나 승패는 쉽게 갈렸습니다. 메카의 군대는 돈을 받고 싸우는 용병들이고, 메디나의 군사는 알라 신을 위해 싸우는 신

아랍 문자
코란은 아랍 문자로 표기되어 있기 때문에 이슬람교의 전파와 함께 아랍 문자도 널리 퍼지게 되었습니다. 아랍 문자는 오른쪽에서 왼쪽으로 쓰고 글자를 이어 붙여 쓴다는 특징이 있습니다.

도들이었기 때문입니다.

그 싸움에서 승리한 마호메트는 메카와 메디나 두 도시의 지배자가 되었습니다. 그리고 그의 군사력은 점점 강해졌고, 전지전능한 유일신인 알라를 온 아라비아에 전파하기 위한 싸움을 시작했습니다. 그리고 마침내 이슬람의 깃발 아래 아라비아를

아랍과 아라비아

아라비아 반도는 홍해와 아라비아 해, 페르시아 만으로 둘러싸여 있습니다.

아라비아는 아라비아 반도를 의미하는 지명으로, 아시아 서남부 페르시아 만, 인도양, 아덴 만, 홍해에 둘러싸여 있는 지역을 가리킵니다. 이 지역은 대부분이 사막으로, 주민들은 오아시스 부근에서 농사를 지으며 삽니다.

7세기 초 마호메트가 반도를 통일한 후 아라비아 반도는 이슬람 제국으로 번영하다가, 16세기에는 오스만 튀르크의 지배를 받았습니다. 그리고 18세기 말에 민족 운동을 통해 사우디아라비아, 쿠웨이트, 예멘 등의 나라로 독립했습니다.

아랍은 아랍 어를 쓰고 이슬람교가 국교인 여러 나라를 의미하며, 아랍과 아라비아는 같은 의미로 쓰입니다.

통일했습니다.

"코란이냐, 칼이냐, 공물이냐?"

마호메트의 군대는 정복한 땅에 이 세 가지 중 하나를 선택하도록 강요했습니다. 그들이 이슬람교를 선택하면 세금과 공물을 바치지 않아도 됐습니다.

마호메트가 죽자 이슬람교도들은 그의 뒤를 이를 지도자를 뽑았습니다. 그를 '칼리프'라고 했습니다. 칼리프는 가톨릭에서 교황과 같은 지위를 갖는 존재입니다. 제1대 칼리프는 마호메트의 조카인 아부바르크가 뽑혔습니다.

제2대 칼리프 오마르 때부터 정복 사업은 다시 시작되었습니다. 이슬람 군대는 아라비아 반도 밖으로 성난 파도처럼 뻗어 나갔습니다. 이슬람 군대에는 '이슬람의 검'이라 불리는 명장 왈리드가 있었고, 그가 이끄는 군대는 634년 사해 남쪽에 있던 동로마 제국의 시리아 주둔군을 물리치고 다마스쿠스를 점령했습니다.

동로마 제국의 헤라클리우스 황제는 급히 대군을 시리아로 보냈습니다. 그러나 열

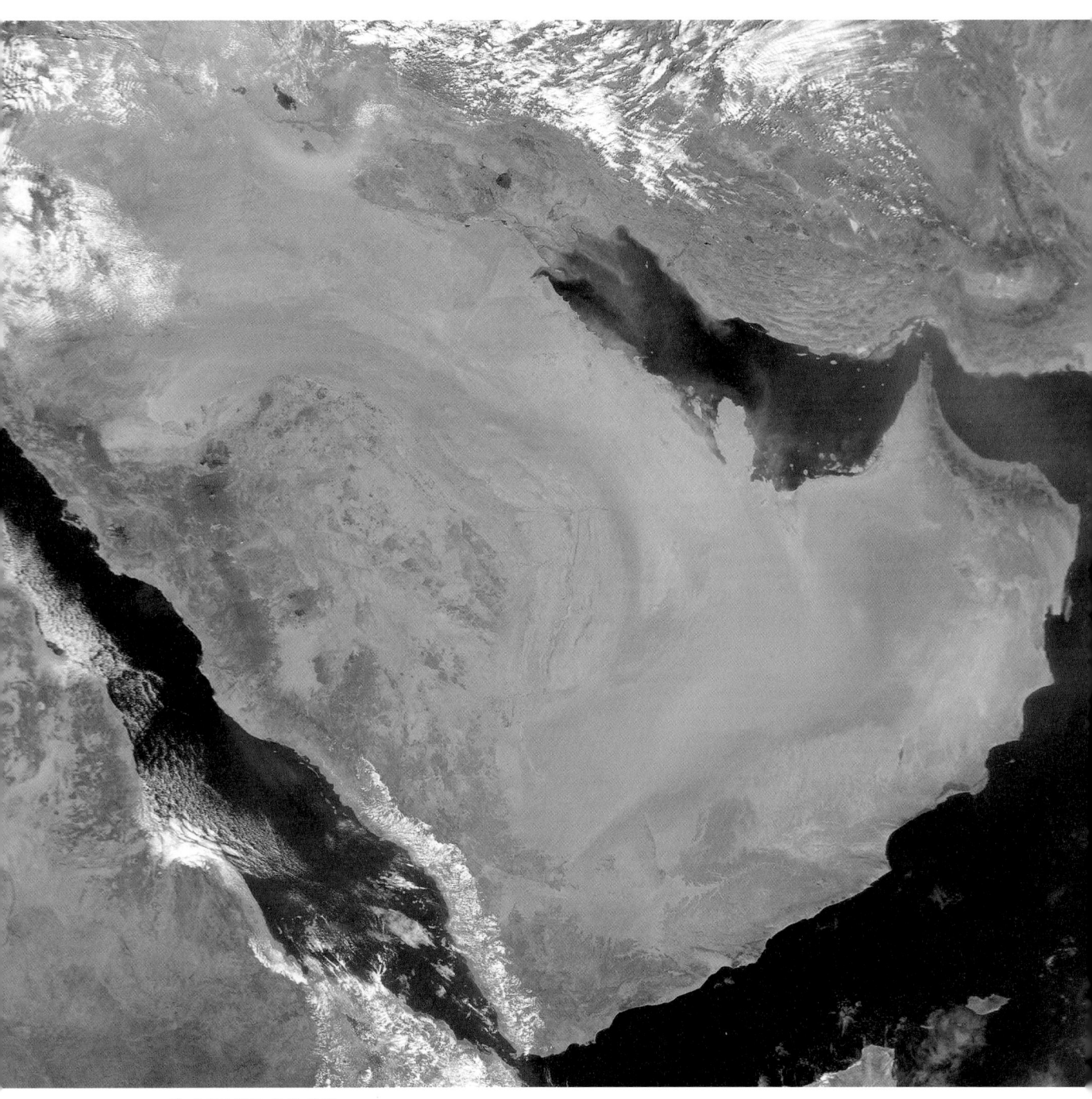

아라비아 반도 위성 사진
아라비아 반도는 서쪽으로 홍해, 동쪽으로 페르시아 만, 남쪽으로 아라비아 해로 둘러싸여 있습니다.

풍이 몰아치는 뜨거운 8월의 전투에서 동로마군은 전멸했고, 시리아는 이슬람의 영토가 되었습니다.

이 전투의 승리는 이슬람 제국을 크게 고무시켰고, 정복 전쟁은 계속되었습니다. 마호메트의 뒤를 이은 칼리프들은 약 40년 동안 동로마로부터 시리아, 팔레스타인, 이집트를 빼앗고, 페르시아도 정복했습니다. 그래서 마호메트가 죽은 지 백 년이 채 못 되어 이슬람 세력은 유럽과 아시아, 아프리카에 걸친 대제국을 건설했습니다.

유럽인들은 이곳을 '사라센 제국'이라고 불렀습니다. '사라센'은 '사막의 아들' 또는 '동방의 사람'이라는 뜻입니다.

그러나 이슬람 제국의 영토가 크게 늘어나면서, 칼리프 선출을 둘러싸고 권력 투쟁이 벌어졌습니다. 시리아 총독은 제4대 칼리프인 알리를 살해하고 스스로 칼리프가 되었습니다. 그리고 칼리프 자리를 세습하면서 우마이야 왕조를 세웁니다. 661년의 일입니다.

이 무렵 이슬람의 영토는 서쪽으로는 북아프리카를 지나 이베리아 반도까지, 동쪽으로는 중국과 맞닿은 파미르 고원까지 확장되었습니다. 알리를 살해하고 세운 우마이야 왕조를 지지하는 무슬림을 '수니파'라고 부릅니다.

수니파는 아랍인과 비아랍인을 차별하

아바스 왕조의 은화
아바스 왕조의 은화로 돈의 단위는 디르함이었습니다. 사라센 제국의 중심지인 바그다드에서 사용했다고 합니다.

는 정책을 썼습니다. 그 정책은 수니파 몰락의 원인이 됐습니다. 알리의 후손만이 칼리프가 될 수 있다고 믿는 아바스 가문이, 750년 우마이야 왕조를 무너뜨리고 바그다드에 아바스 왕조를 세웠습니다. 아바스 왕조를 지지하는 무슬림을 시아파라고 합니다.

아바스 왕조는 아랍인이 아닌 사람도 이슬람으로 개종하면 군인이나 관료가 될 수 있도록 했고, 세금 제도에서도 아랍인과 비아랍인의 차별을 없앴습니다. 또 민족 차별을 없애서 알라 앞에 모든 사람들이 평등하다는 이슬람 초기의 이념을 구현하려 했습니다. 그래서 아랍인들이 중심이 된 우마이야 왕조까지를 아랍 제국, 우마이야 왕조 이후를 이슬람 제국이라고 구별해서 부르기도 합니다.

이슬람 제국은 전성기를 지나자 분열하기 시작했습니다.

바그다드를 기반으로 한 아바스 가문 출신 칼리프의 힘이 약해지자, 그 틈을 타서 이슬람으로 개종한 튀르크족이 세력을 키워 나갔습니다.

처음에 튀르크족은 이슬람 세계 지배자들에게 군인 노예로 채용되었습니다. 그래서 한동안은 충성을 바쳤지만, 시간이 지나면서 차츰 강한 세력을 갖게 되자 튀르크족 출신의 장군들이 이집트와 인도에 나라를 세우기도 했습니다. 또 몽골군이 침입

이슬람 상인이 취급한 품목

이슬람 상인들은 세계 각 지역의 특산물을 교역했습니다.
인도와는 칼·노예·설탕·보석 등을 교역했고, 중국과는 도자기·비단·종이, 몽고와는 말, 이집트와는 파피루스와 아마포, 동아프리카 및 서아프리카와는 금과 노예, 동남아시아와는 향신료 등을 교역했습니다.

실크 로드의 모습

이슬람 상인들이 활약한 사막의 비단길, 실크 로드

아라비아 상인들이 저 멀리 중국까지 교역하던 길을 실크 로드라고 합니다. 주로 비단을 교역했기 때문에 '비단'의 영어 단어인 '실크'를 붙여 실크 로드라 불렀습니다. 사막에 있는 실크 로드는 초원길, 바닷길과 더불어 아시아를 동과 서로 이어 준 역사적으로 중요한 길입니다. 이슬람 상인들은 큰 상인 조직인 카라반을 조직해서 이 길을 통해 활동했습니다. 사막 중간에 있는 오아시스를 따라 낙타를 타고 이동했는데, 낙타 한 마리는 250킬로그램의 짐을 싣고 하루에 40킬로미터나 이동할 수 있습니다. 사막 길은 본래 한 무제 이후 중국이 지배하던 길이지만, 아바스 왕조의 이슬람 군대가 고선지 장군에게 승리를 거둔 이후 이슬람 상인들이 지배하게 되었습니다. 그들이 사막 길에서 활동하면서 사막 길과 연결된 많은 지역에 이슬람 문화가 빠르게 퍼졌습니다.

아랍 세계의 발전　85

했을 때는 결사적으로 싸워 이집트와 이슬람 세계를 지켜 냈습니다.

그 후 11세기에 이르러 튀르크족은 셀주크 왕조를 세우고 바그다드까지 진출해서 아바스 왕조의 칼리프로부터 '술탄'의 호칭을 얻었습니다. 술탄은 이슬람 세계에서 최고 지배자를 뜻하는 말로, 그들은 결국 아바스 왕조의 지배자가 된 것입니다.

이슬람 제국의 지배자는 그렇게 아랍인에서 튀르크족으로 바뀌었습니다. 그 뒤 셀주크 제국은 계속 영토를 확장해서 동쪽으로는 파미르 고원, 서쪽으로는 지중해까지 지배하는 대제국이 되었습니다. 그 결과 유럽의 그리스도교와 충돌이 일어났고, 양 세력의 충돌은 십자군 전쟁으로 이어졌습니다.

이슬람의 문화

이슬람 세계에서는 아랍 어를 쓰고, 다른 종교에 대해서도 비교적 관대합니다. 또 세계 여러 지역의 문화를 받아들여 수학과 천문학, 화학 등 자연 과학 분야에서 높은 수준의 발전을 이룩했습니다. 이슬람 사람이라면 일생에 한 번은 반드시 마호메트가 처음 가르침을 시작한 메카를 순례해야 합니다. 또 여자들이 온몸과 얼굴을 커다란 천인 히잡으로 가리고 다니는 것도 이슬람의 독특한 풍습입니다.

커피를 맨 먼저 발견하여 마시기 시작했던 이들도 이슬람 사람들입니다. 그들은 술을 만들 수는 있지만, 마시지는 않습니다. 술은 사람의 정신을 어지럽게 만드는 독약이라고 생각했기 때문입니다.

이슬람에서 수학이 발달한 것은 상업의 발달과 관계가 있습니다. 우리가 사용하는 '1, 2, 3, 4……'를 아라비아 숫자라고 일컫습니다. 발명은 인도에서 되었지만, 아랍인들이 널리 사용하면서 서양에까지 전했기 때문에 아라비아 숫자라고 말하는 것입니다. 3차 방정식과 삼각법 이론, 0의 개념까지도 아랍인들이 널리 퍼트려서 근대 수학의 길을 열었습니다.

천문학의 발전은 메카를 향해 예배하는 습관과 달과 별에 의지하여 밤길을 가야 하는 사막 생활에서 비롯되었습니다. 그들은 인도의 천문학을 받아들여 경도와 위도, 자오선의 길이를 정확히 잴 수 있게 되었고, 새로운 천체 관측기구를 발명하여 지구가 둥글다는 것을 증명하기도 했습니다. 그래서 이슬람의 역법은 세계에서 가장 정확하

히잡을 두른 이슬람교 여성
히잡은 이슬람교 여성들이 외출할 때 머리와 몸을 가리는 쓰개를 말합니다.

커피의 시작

커피는 아라비아 반도 남서부의 예멘 지방에서 처음 유행하기 시작했습니다. 16세기 중반 두 명의 시리아인이 이스탄불에 커피를 전했는데, 그 후로 이스탄불의 상업 중심지였던 바자르(시장) 주변에 금방 커피 판매점이 많이 늘어났습니다.
이때부터 사람들은 고급스러운 자기 잔에 커피를 마시기 시작했고, 커피는 전 세계로 퍼져 나갔습니다.

아부다비의 모스크
모스크는 이슬람 세계에서 개신교의 교회와 같은 역할을 하는 곳입니다. 아랍 에미리트를 상징하는 대표적 건물인 이 모스크는 크기가 워낙 커서 그랜드 모스크라고 부릅니다. 건물에는 82개의 돔과 1,000개의 기둥이 있다고 알려져 있습니다.

다는 평가를 받고 있습니다.

그들은 일찍부터 황금을 만들기 위한 연금술에 관심을 가졌는데, 그것은 화학 분야의 발전을 가져왔습니다. 그래서 알칼리와 산을 구별할 줄 알게 되었고, 알코올을 가열하여 성분별로 구분해 내는 법도 발견했습니다.

이슬람 사람들은 정복한 곳마다 '모스크'라는 아름다운 건물

러시아 남부에 위치한 모스크
이슬람교인은 세계 인구의 약 25퍼센트인 12억 명 내외로 알려져 있습니다. 북아프리카, 중동, 동부 러시아, 아프가니스탄, 파키스탄, 중국, 인도, 인도네시아 등지에서 이슬람교를 믿습니다.

을 지었습니다. 모스크는 아랍 어의 '마스지드'에서 나온 말로 '이마를 땅에 대고 절하는 곳'이라는 뜻입니다.

모스크의 건축 양식은 그리스나 로마 사람들이 지은 집과 크게 다릅니다. 모스크는 양파처럼 둥근 지붕에 끝은 뾰족하고, 창문도 말편자 모양으로 위쪽만 둥글게 굽은 모양입니다. 또 건물의 벽에도 그림을 그리지 않고, 색종이를 오려 붙인 것처럼 모자이크로 아름답게 장식합니다.

이슬람 사람들은 메소포타미아 평원의 바빌론 시가 있던 자리에 바그다드라는 새로운 도시를 건설하기도 했습니다. 『아라비안나이트』에 등장하는 바로 그 도시입니다. 『아라비안나이

제지술이 이슬람으로 전해지게 된 탈라스 전투

751년 7월, 중앙아시아의 탈라스 강 근처에서 당과 아바스 왕조 사이에 전투가 벌어졌습니다. 고구려 출신의 고선지 장군이 이끄는 당나라 군대는 이 전투에서 아바스의 이슬람군에 크게 패해 5만 명이 죽고, 2만 명이 포로가 됐습니다.

이 2만 명의 포로 중에 종이 만드는 기술자가 있었습니다. 아바스 왕조는 그를 사마르칸트로 데리고 가 종이 만드는 공장을 세웠습니다. 중국에서 발명된 제지술은 그렇게 이슬람 세계에 전해졌습니다.

종이는 이슬람이 수준 높은 문명을 이루는 데 크게 이바지했고 유럽에도 전해져 유럽 문명을 발전시켰습니다.

트』는 9세기부터 수백 년 동안 페르시아와 아라비아에 전해 오던 이야기를 모아 엮은 책으로, 이슬람 사람들의 생활과 풍속을 잘 보여 주고 있습니다.

페트라
이슬람의 대표 유적인 요르단의 페트라 유적입니다. '페트라'라는 말은 바위라는 뜻으로 페트라 유적은 바위를 깎아 만든 암벽에 세워져 있습니다.

이슬람 세계를 지배한 오스만 제국

튀르크족은 중앙아시아의 알타이 산맥 근처에서 유목 생활을 하던 유목민들입니다. 동로마 제국의 콘스탄티노플을 무너뜨린 오스만 튀르크는 튀르크족의 한 갈래입니다.

터키 이스탄불의 야경
동서양의 문화가 만나는 역사적인 도시, 터키의 이스탄불입니다.

튀르크족의 조상들은 기원전 2000년 무렵부터 동북아시아의 초원 지대에 퍼져 살았습니다. 중국 고대사에 자주 등장하는 훈족도 튀르크족의 한 갈래입니다. 또 중앙아시아에는 돌궐, 위구르, 키르기스, 카를룩, 오우즈 등 튀르크족이 세운 나라들이 여럿 있었습니다. 그 여러 나라들을 하나로 통일한 것이 셀주크 제국입니다.

셀주크 제국은 그들의 지도자인 셀주크의 이름을 따서 붙인 것입니다. 셀주크 제국은 이슬람으로 개종한 뒤 이슬람 세력을 장악하여 대제국을 건설하고, 크게 세력을 떨쳤습니다. 그러나 십자군 전쟁과 몽골과의 전쟁 등으로 힘이 약해졌고, 그 뒤를 이어 오스만 튀르크가 세력을 잡았습니다. 오스만 제국은 소아시아 지역에서 셀주크 제국의 지배를 받던 튀르크의 한 부족장 오스만 1세가 1299년에 세운 나라입니다. 그들은 한때 몽골족의 위협을 받기도 했지만, 몽골족이 멸망한 뒤까지 살아남아 15세기 중엽 동로마 제국을 멸망시켰습니다.

또 16세기에는 헝가리를 정복하고, 에스파냐와 교황의 연합 함대를 물리쳐 지중해의 해상권을 잡았습니다. 전성기 오스만 제국의 영토는 아시아와 아프리카, 유럽의 세 대륙에 이르렀고,

이스탄불

오스만 튀르크는 강대한 제국을 건설하고, 술탄 무함마드 2세는 동로마 제국의 수도 콘스탄티노플을 공격해 정복했습니다. 그리고 도시 이름을 이스탄불로 바꾸었습니다. 그 뒤 이스탄불은 오스만 제국의 수도로서 이슬람의 중심지가 되었습니다.
지금의 터키 공화국은 바로 오스만 튀르크의 후손들이 사는 나라이고, 터키의 최대 도시인 이스탄불은 예전의 콘스탄티노플이랍니다.

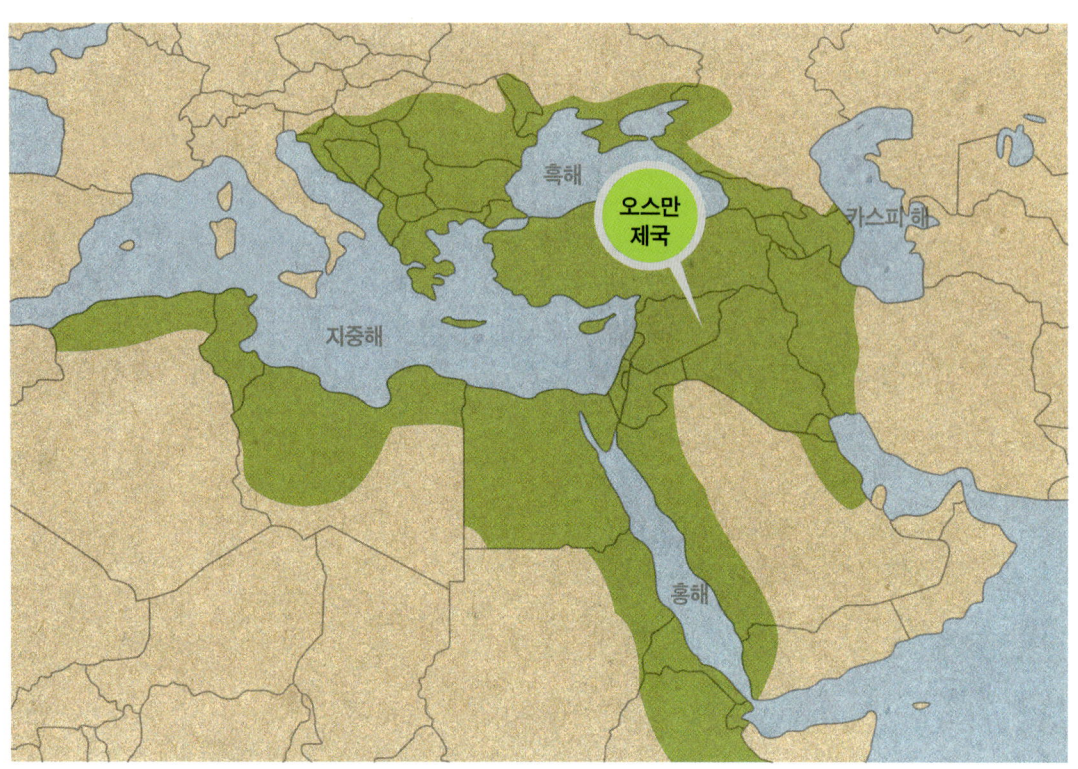

오스만 제국의 최대 영토
오스만 제국은 아프리카 북부, 아라비아, 동유럽, 중앙아시아에 걸쳐 거대한 세력을 형성했습니다.

제국 안에는 20개 민족과 6000만의 인구가 살았습니다.

오스만 제국의 통치자인 왕의 호칭은 술탄입니다. 그런데 아홉 번째 술탄에 이르러, 이슬람 세력의 최고 지도자인 아바스 왕조의 후손이 가지고 있던 칼리프라는 칭호를 물려받았습니다. 그리스도교로 치면 황제가 교황의 자리까지 함께 맡는 것으로, 정치적 왕인 술탄이 이슬람 공동체의 최고 정신적 지도자인 칼리프까지 겸하게 된 것입니다.

그것은 오스만 제국의 왕이 이슬람 세계의 실질적인 최고 지

술탄 아흐메트 사원

돔과 미나레트가 결합된 술탄 아흐메트 사원

술탄 아흐메트 사원은 동서양의 문화가 융합되어 아름다운 모습을 보여 줍니다.

오스만 제국은 다양한 동서 문화를 융합하여 새로운 문화를 창조했습니다. 비잔티움 양식의 돔과 이슬람 사원에 없어서는 안 될 첨탑인 '미나레트'가 결합된 술탄 아흐메트 사원은 융합 문화의 대표적인 작품입니다. 돔형으로 지어진 여러 개의 모스크 주변에 여섯 개의 미나레트를 설치한 이 장엄한 건물은 술탄 아흐메트 1세가 1600년대 초에 세웠습니다.

술탄 아흐메트 사원은 '블루 모스크'란 별명으로 더 유명합니다. 모스크 안을 푸른빛이 도는 타일로 장식해서, 창을 통해 들어오는 햇빛이 환상적인 푸른빛을 만들어 내기 때문입니다.

이슬람교를 상징하는 초승달
술탄 아흐메트 사원의 돔 위에 있는 초승달 장식입니다.

도자가 되었다는 것을 의미합니다. 이슬람교라고 하면 보통 아랍인을 떠올리지만, 십자군 전쟁 이후 유럽에 위협적인 존재가 된 이슬람교도는 아랍인이 아니라 오스만 튀르크였습니다.

오스만 제국이 크게 번성하게 된 데는 여러 가지 이유가 있겠지만, 그중에서 가장 주목할 만한 것으로 두 가지가 있습니다. 첫째, 다른 종교에 관용을 베풀었다는 것과 둘째, 신분의 귀천보다 능력을 중요하게 여겼다는 것입니다.

오스만 제국에서는 양, 소, 말 같은 가축을 키우던 사람의 자손이 높은 지위에 오르는 경우가 많았습니다. 그리고 그런 사람들은 자신의 출신 성분을 조금도 부끄러워하지 않았습니다. 오스만 제국 사람들은 사람의 뛰어난 능력을 유전이나 상속되는 것이 아니라, 오로지 하늘이 내린 자질과 끊임없는 훈련 그리고 노력과 열정 같은 것들에 의해 만들어지는 것이라 믿었기 때문입니다. 철저한 신분제 사회였던 중세 시대에 그것은 매우 앞선 생각이었습니다.

또 오스만 제국은 다른 종교를 가진 사람들에게 이슬람교로 개종할 것을 강요하지 않았습니다. 이교도들은 자기 종교의 우두머리에게 세금을 바치고, 그 우두머리는 술탄에게 세금을 바쳤습니다. 그 대가로 그들은 종교의 자유를 누릴 수 있었습니다.

다른 종교에 대한 그와 같은 관용은 유럽의 많은 유대인들을 오스만 제국으로 끌어들였습니다. 당시 유럽의 가톨릭 교회는 유대교도를 이교도로 여겨 탄압했습니다. 그러나 오스만 제국의 유대교도들은 일정한 세금을 바치고, 랍비를 우두머리로 삼아 편히 살아갈 수 있었습니다.

영원히 번영을 누릴 것 같던 오스만 제국에도 황혼이 깃들기 시작했습니다.

오스만 제국은 유럽과 아시아를 연결하는 동지중해 일대의 육로와 해로를 모두 장악하고 있어서 동서 무역을 통해 엄청난 이익을 얻었습니다. 유럽 상인들은 오스만 상인들을 통해 간접 무역을 할 수밖에 없었습니다. 그래서 유럽에서는 직접 동방으로 갈 수 있는 새로운 항로에 대한 욕구가 점점 커

미나레트(첨탑)
이집트 카이로에 있는 알아즈하르 사원의 첨탑입니다. 첨탑은 거의 대부분의 이슬람 사원에 있는 건축 요소입니다.

레판토 해전
레판토 해전에서 오스만 제국은 에스파냐에 패배했습니다. 그 결과 에스파냐는 이후 크게 발전하게 되고 오스만 제국은 점차 힘을 잃었습니다.

졌습니다. 그 결과 오스만 제국과 에스파냐가 바다에서 충돌하게 되었습니다. 이것이 바로 1571년에 벌어진 레판토 해전입니다. 바다에서 벌어진 이 싸움은 에스파냐의 승리로 끝났습니다. 당시 에스파냐는 신대륙에서 금과 은을 들여와 엄청난 번영을 누리고 있었는데, 레판토 해전에서 에스파냐가 승리하자 오스만 제국은 차츰 힘을 잃었습니다.

1683년 오스만 제국은 레판토 해전의 패배를 육지에서 설욕하기 위해 오스트리아의 빈을 포위합니다. 빈을 함락시킨 뒤 이를 발판 삼아 유럽으로 쳐들어가는 것이 오스만 제국의 계획이었습니다. 그러나 이 전투에서도 오스트리아와 베네치아, 폴란드의 연합군에 패하고 맙니다. 그 결과 1699년 카를로비츠 강화 조약이 체결되고, 오스만 제국은 이미 차지하고 있던 헝가리 영토까지 돌려주어야 했습니다. 더욱이 유럽에서는 동서 무역의 새로운 항로인 인도 항로를 발견하였습니다. 그래서 해상 무역을 독점하고 있던 오스만 제국은 더 큰 타격을 입었습니다.

비록 오스만 제국은 쇠퇴의 길로 접어들었지만, 그들의 풍족한 재원은 풍부한 문화 발전의 밑거름이 되었습니다. 학문에서는 천문학과 지리학, 해양학이 발달했고, 이스탄불 술레이마니에 사원 같은 대표적인 건축물을 남기는 등 수도를 중심으로 이슬람 문화를 꽃피웠습니다.

예니체리

술탄의 친위 부대인 '예니체리'는 오스만 제국에서 가장 강력한 군대였습니다. 예니체리는 튀르크 말로 '새로운 군대'라는 뜻입니다. 예니체리는 전쟁 포로로 잡힌 소년들과 그리스도교 가정의 사내아이들을 데려다 구성했습니다. 그들은 부모와 떨어져서 튀르크 사람의 가정에서 자랐습니다. 그리고 이슬람으로 개종하고, 혹독한 군사 훈련과 엄격한 정신 교육을 받은 뒤 일정한 나이가 되면 예니체리에 배치됐습니다. 기록에는 예니체리가 전쟁에서 치열하게 싸웠다고 전해 옵니다. 동로마 제국의 수도 콘스탄티노플을 함락시킨 주역도 예니체리로, 그들은 수백 년 동안 유럽 세계에 공포의 대상이었습니다.

튀르크의 용맹한 군인 예니체리

아랍 세계 연표

2. 마호메트, 야스리브로 피신

마호메트가 메카에서 야스리브로 이주한 사건을 '헤지라'라고 부릅니다. 이 사건을 이슬람교가 탄생한 해로 삼고 있습니다. 이때부터 야스리브는 메디나로 불리게 됩니다.

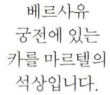

이슬람의 성지 메디나의 현재 모습입니다.

4. 이슬람의 검, 왈리드 시리아를 물리치고 다마스쿠스 점령

동로마군 또한 왈리드의 군대에 패배하게 됩니다. 이후 여러 칼리프들이 정복 전쟁을 계속하여 유럽과 아시아, 아프리카에 걸친 '사라센 제국'을 만듭니다.

베르사유 궁전에 있는 카를 마르텔의 석상입니다.

투르푸아티에 전투의 모습입니다.

6. 프랑크 왕국의 재상 카를 마르텔, 투르푸아티에 전투 승리

프랑크 왕국의 카를 마르텔이 우마이야 왕조의 이슬람군을 물리쳤습니다. 이로 인해 이슬람 세력의 서유럽 확장이 한풀 꺾이게 됩니다.

622년   **634년**   **732년**

570년   **630년**   **661년**

1. 이슬람교의 창시자 마호메트 메카에서 출생

마호메트는 어린 시절부터 작은아버지를 따라 여러 곳을 여행하며 '신은 오직 한 분'이라는 믿음을 가졌습니다.

3. 마호메트와 1만 명의 무슬림, 무기를 지니지 않고 메카에 입성

마호메트와 그의 지지자들은 메카로 들어가 다른 신들의 우상을 모두 부숴 버리고 "알라후 아크바르(하느님은 가장 위대하시다)!"라고 외쳤습니다.

5. 우마이야 왕조 설립

우마이야 왕조를 지지하는 무슬림들을 수니파라 부릅니다.

마호메트의 이름을 나타내는 아랍 문자 서명입니다.

러시아 화가 그리고리 가가린이 그린 마호메트의 설교하는 모습입니다.

이집트 카이로에 있는 알아즈하르 대학입니다. 수니파 신자들의 학문의 중심지입니다.

8
아바스 왕조, 탈라스 전투에서 당나라를 물리침
카자흐스탄 타슈켄트 부근의 탈라스 강에서 아바스 왕조와 당나라가 전투를 벌여 아바스 왕조가 승리했습니다. 당시 당나라의 장수는 고구려 출신의 고선지 장군이었습니다.

10
오스만 1세, 오스만 제국 설립
오스만 제국은 다른 종교를 탄압하지 않았으며, 신분의 귀천보다는 능력을 중요하게 여겼습니다.

오스만 제국의 국기와 국장입니다.

파올로 베로네세가 그린 레판토 해전입니다.

751년

1299년

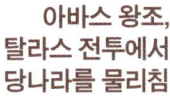
750년

960년

1571년

7
아바스 가문, 우마이야 왕조를 무너뜨리고 아바스 왕조 설립
아바스 왕조를 지지하는 무슬림들을 시아파라고 부릅니다.

9
튀르크족 이슬람교 개종
아랍족과 이란인이 중심이던 이슬람 세계에서 이때부터 튀르크인들이 그 중심에 서게 됩니다.

11
오스만 제국, 레판토 해전에서 에스파냐에 패배
레판토 해전의 패배로 오스만 제국은 점차 쇠락하게 되고 에스파냐는 점점 더 발전하여 커다란 번영을 누리게 됩니다.

아바스 왕조 시대에 지어진 이븐 툴룬 모스크입니다. 이집트 카이로에 있습니다.

칭기즈 칸이 건설한 역사상 최대의 제국, 몽골

아시아에서는 수많은 나라들이 다툼을 벌입니다. 그중에서도 전 세계적으로 커다란 영향을 미친 나라는 인류 역사상 가장 넓은 영토를 가진 대제국을 건설한 칭기즈 칸의 몽골 제국입니다. 몽골 제국은 지금의 대한민국에서 서유럽의 독일까지 어마어마한 영토를 거느린 제국이었습니다.

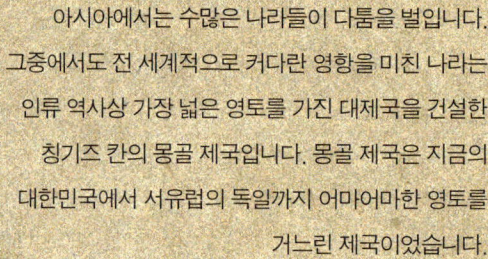

칭기즈 칸이 건설한 역사상 최대의 제국, 몽골

관우의 동상
위, 촉, 오, 삼국 시대의 유명한 장수 관우의 모습입니다.

몽골 제국이 들어서기까지 중국의 변천사

유방이 세운 한나라는 황건적의 난으로 혼란을 겪다가, 위·촉·오 세 나라로 나뉘어 삼국 시대를 맞게 됩니다. 그리고 사마염이 세운 진나라가 삼국을 통일합니다. 그 뒤 흉노(훈)족, 선비족, 갈족, 저족, 강족 등 황허 강 중·하류 지역에 살던 다섯 유목 민족이 쳐들어와 열여섯 나라를 세움으로써 중국은 5호 16국 시대를 맞게 되고, 이는 다시 선비족 출신의 북위에 의해 통일됩니다.

한편 진은 강남으로 쫓겨 와 동진을 세우고,

『삼국지연의』 삽화
삼국 시대의 이야기를 소설로 쓴 『삼국지연의』에 들어 있는 그림입니다. 조조가 유비를 초대해서 천하에 영웅이라 할 만한 사람이 누가 있는지에 대해 이야기하는 장면입니다.

그 뒤를 이어 송, 제, 양, 진의 한족 국가가 차례로 들어섭니다. 이를 남조라고 합니다. 그리고 북위를 이은 유목 민족 국가인 동위, 서위, 북제, 북주를 북조라고 합니다. 이처럼 한족과 유목 민족이 중국 대륙을 절반씩 차지하고 있었던 시기를 남북조 시대라고 합니다. 남북조 시대는 북조 계통의 수에 의해 통일됩니다. 수는 남북으로 갈라진 중국이 서로 활발하게 교류할 수 있도록 대운하를 건설하는 등 중국의 통일을 위해 많은 노력을 기울였습니다. 그러나 수나라는 고구려 침략에 실패한 뒤 멸망하고, 그 뒤를 이어 당이 중국 대륙의 주인공이 됐습니다.

고구려 침략에 실패한 뒤 멸망한 수나라

진시황의 진나라가 멸망한 뒤 남북조 시대를 지나 중국에는 수나라가 세워지게 됩니다. 수나라를 세운 문제는 원래 북조의 마지막 왕조였던 북주의 장군 겸 외척이었습니다. 외척은 왕의 외가 식구를 뜻합니다. 그는 정제가 7세의 어린 나이로 왕위에 오르자 왕의 외할아버지로서 정치적, 군사적 실권을 장악했다가 곧 어린 외손자의 황제 자리를 빼앗고 수를 세웠습니다. 또 589년에는 남조의 마지막 왕조였던 진을 멸망시키고 남북조를 통일했습니다. 그래서 그동안 한족과 대립하던 많은 유목 민족들이 중국인이 되었습니다.

수나라 양제
성격이 포악하고 무자비하여 폭군으로 손꼽히는 수나라 양제의 모습입니다. 그는 세 차례에 걸쳐 무리하게 고구려를 침략했습니다.

문제의 뒤를 이어 왕이 된 양제는 강남 지방의 풍부한 물자를 북쪽에 있는 수도로 실어 오기 위해 중국의 남북을 가로지르는 운하를 건설하였습니다. 양쯔 강에서 황허 강까지 총 1,500킬로미터가 넘는 거리를 물길로 연결하는 대공사는 6년 동안 계속되었습니다. 대운하의 개통으로 수나라는 더욱 쉽게 강남 지방을 관리할 수 있게 되었고, 남북 간의 물자 교류도 활발해졌습니다.

그러나 수는 국경선을 맞대고 있는 동북아시아의 강대국 고구려를 늘 불안하게 생각했습니다. 더욱이 고구려가 돌궐과 손이라도 잡으면 큰 위협이었으므로, 걱정은 더했습니다. 612년, 수의 양제는 마침내 113만 대군을 이끌고 고구려를 침공했습니다. 그러나 고구려는 완강하게 저항했고, 을지문덕 장군의 살수 대첩으로 큰 피해를 입은 수나라는 군사를 돌렸습니다. 수나라는 결국 여러 가지 토목 공사와 전쟁으로 지쳐 있던 농민들이 반란을 일으켜서 멸망하고 맙니다.

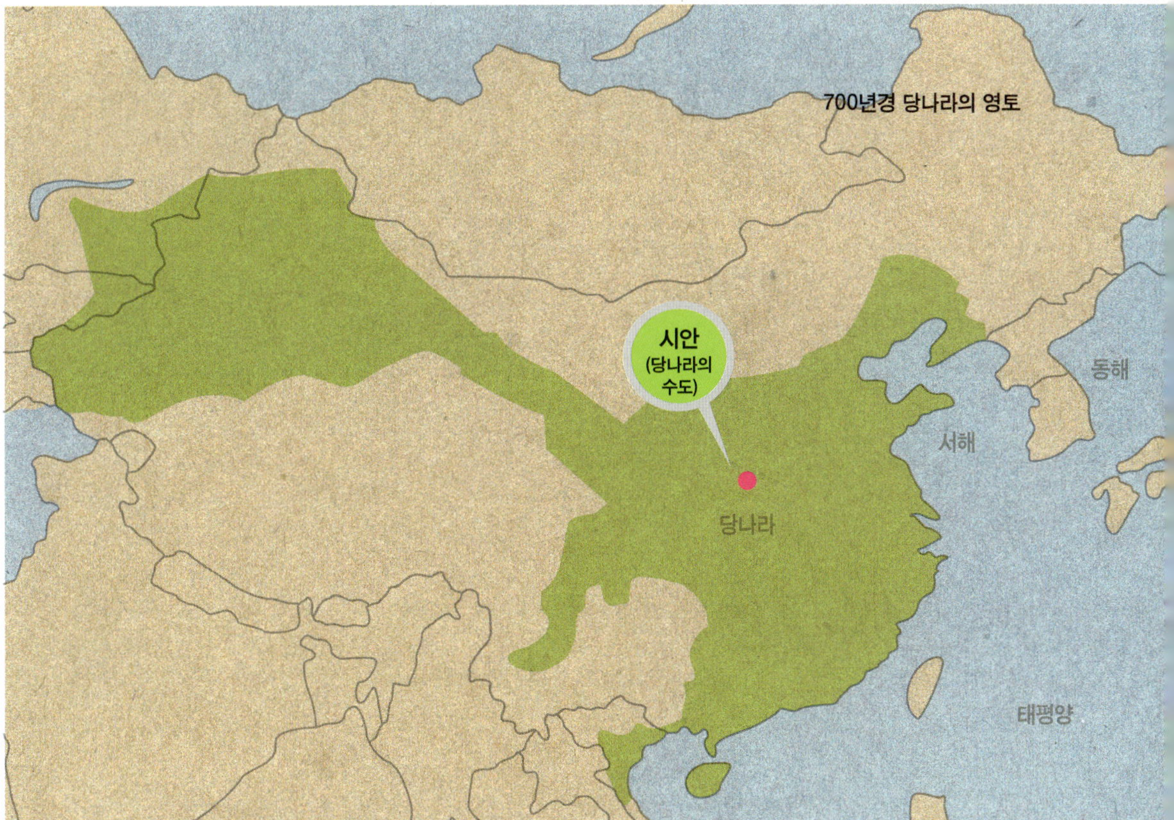

700년경 당나라의 영토

시안
(당나라의 수도)

당나라

동해

서해

태평양

'정관의 치'를 이룩한 태종

당 태종 이세민은 뛰어난 업적을 남겼습니다. 옛 제도를 되살리고 개량했으며, 관리 선발 방법으로 과거 제도를 정착시켰습니다. 군대도 직업 군인을 징집하여 주로 변방에 주둔시켜 국방에 전념하게 했으며, 평범한 가문 출신의 지휘관이 군대를 통솔하게 했습니다. 또한 국자감을 세워 관리가 될 인재들을 교육시키는 데 힘썼습니다. 또한 지방 행정 조직·재정·조세·토지 사용 등 거의 모든 방면의 제도를 재정비했는데, 이러한 당 태종의 치세는 그 뒤 중국의 역사와 문화에 막대한 영향을 미쳤습니다. 그래서 당 태종이 다스리던 시기를 그 연호를 따 붙인 '정관의 치'라 부르게 된 것입니다.

당나라의 탑
중국 시안에 있는 당나라 시대의 탑입니다. 당나라 중종 때 세워진 이 탑은 높이 15층으로 불교를 전파하기 위해 세웠습니다.

당나라와 송나라

당을 세운 고조는 이름이 이연으로 선비족 계통입니다. 수나라 변방을 지키던 장군이었던 이연은 수의 양제가 고구려 원정에 실패한 뒤 민심이 흉흉한 틈을 타서 아들들과 함께 군대를 일으켜 당을 세웠습니다.

당은 넓은 영토를 가진 세계 제국이었고, 수와 달리 오랫동안 중국을 통치했습니다. 그래서 당시 아시아의 모든 길은 당의 수도인 시안으로 통한다는 말이 있을 정도였습니다.

당은 법률과 행정, 관리 선발, 토지, 군사, 조세 등 여러 분야에서 체계적인 통치 제도를 갖추고 중앙 집권적인 정치 체제를 확립했습니다. 또 여러 나라로부터 다양한 문화를 받아들였고, 당의 문화와 제도는 우리나라와 일본 등 동아시아의 여러 나라로 전파되었습니다. 그러나 절도사들의 횡포

'개원의 치'를 펼친 현종

당 태종만큼이나 훌륭한 업적을 남긴 당 현종은 사찰과 승려의 수를 줄이고 권력가들을 제압하는 한편, 조정을 정비하여 상벌을 엄정히 주어서 혼란스러웠던 정치 상황을 안정시켰습니다. 현종은 나라에 가뭄이 들자 황궁의 쌀을 백성들에게 나누어 주는 등 어진 정치를 했고, 환관과 인척을 정사에 관여하지 못하도록 했습니다. 이로 인해 당의 국력은 강성해졌으며, 후세 사람들은 이를 그의 연호를 따 '개원의 치(治)'로 불렀습니다.

당나라의 수도 시안에 있는 고루 유적
고루라는 것은 큰 북이 있는 누각이라는 뜻으로 중요한 소식을 알리는 데 사용했습니다.

당나라를 뒤흔든 양 귀비

양 귀비는 당 현종의 후궁이자 며느리입니다. 원래 이름은 양옥환으로, '귀비'라는 말은 황비의 순위를 나타내는 칭호입니다. 현종의 총애를 받았지만, 정도가 지나쳐 안사의 난을 일으키는 원인이 되었기 때문에 나라를 흔드는 미인이라는 뜻의 '경국지색'으로 불렸습니다. 양 귀비는 서시, 왕소군, 초선과 더불어 중국의 4대 미인 중 한 사람으로 꼽힙니다.

양 귀비
중국의 미인으로 꼽히는 양 귀비의 모습입니다.

로 국력이 약해지면서 쇠망의 길을 걷게 됩니다.

당나라는 이민족의 침입을 막기 위해 변방 요지에 직업 군인으로 구성된 군단을 배치했는데, 그 지휘관을 절도사라고 합니다. 절도사는 처음에는 군사 지휘권만 가졌지만, 나중에는 변방을 다스리는 지방 관리의 역할까지 겸하게 되어, 중앙의 통제에서 벗어나 자치권을 행사하게 됩니다.

그렇게 힘을 키운 절도사 중 하나인 안녹산이 반란을 일으켰습니다. 그는 왕을 살해하고 새 왕조를 세우려 했지만, 아들에게 암살을 당하고 말았습니다. 그 뒤 수많은 반란이 이어져 결국 당은 멸망하고, 다섯 왕조가 일어났다 사라집니다. 또 절도사들이 열 나라를 세워 힘을 겨룹니다. 이 시기를 5대 10국 시대라고 합니다.

당이 멸망하고, 절도사들이 여기저기에서 나라를 세우면서 중국은 큰 혼란에 빠집니다. 그 무렵 후주의 절도사 출신 조광윤이 어린황제로부터 왕위를 물려받아 송을 세웁니다.

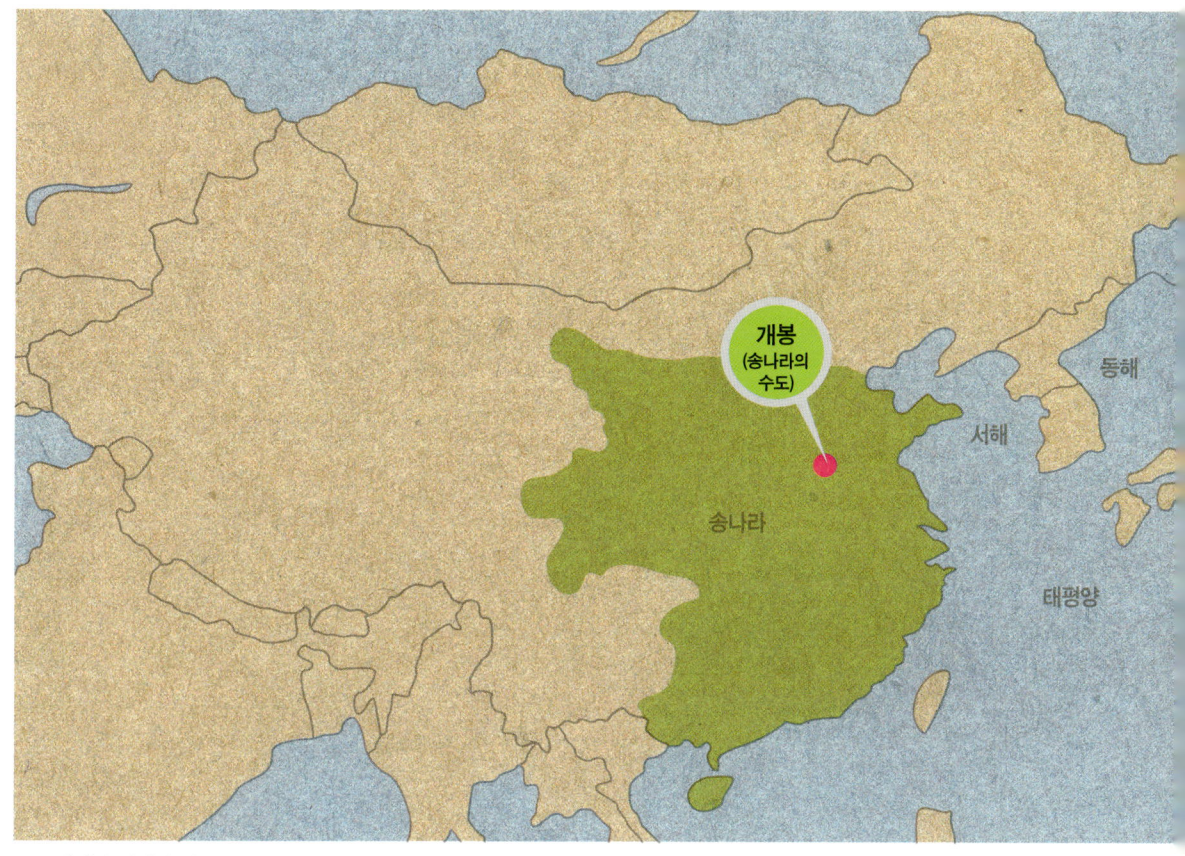

1111년경 송나라의 영토

　송나라는 다른 절도사 세력을 누르기 위해 학문을 중시하는 문치주의 정책을 폅니다. 무력을 가진 무인은 반란을 일으킬 수 있다고 생각해 절도사의 권한을 크게 축소하고, 문인을 군대와 각 지방의 실권자로 임명해서 나라를 다스리게 한 것입니다. 그러나 문치주의는 국방력을 약화시키는 결과를 가져왔습니다.

　한편 중국 동북 지역을 지배하던 거란족이 요나라를 세워 송을 공격했습니다. 국방력이 약해진 송은 요와 맞설 수 없게 되자 조공을 바치기로 하고 평화 조약을 맺었습니다.

송나라 거리
중국 윈난 성에 있는,
송 대의 거리 모습을 재현한 곳입니다.

만주에서는 거란족에 이어 여진족이 힘을 키우고 있었습니다. 여진족은 수, 당 시대에는 말갈족이라 불렸는데, 1113년에 아구다라는 사람이 여진족을 통일하고 요를 공격해 크게 승리를 거둔 뒤 금을 건국했습니다. 그 뒤로 여진족은 급속도로 세력이 커져서 송을 멸망시킵니다.

송은 제9대 황제의 동생이 강남 지역으로 도피해 송 왕조를 이어 갔습니다. 이를 남송이라고 합니다. 남송은 금에 해마다 조공을 바치기로 하고 평화 조약을 맺었습니다. 그래서 중국의 북쪽은 금이, 남쪽은 남송이 다스리게 되었습니다.

그 뒤 금은 남송을 위협하며 100년 이상 화북 일대를 지배하다 1234년 몽골족에게 멸망하고, 남송도 1279년 몽골족에게 멸망합니다.

송나라를 이끈 사대부

송나라 때 사회를 지배한 것은 사대부들입니다. 사대부란 유학자로서, 과거에 급제하여 관리가 된 사람들을 말합니다. 이들은 이전 시대의 귀족과 달리 자기 학문 실력으로 출세한 사람들로, 황제와 함께 백성을 다스린다는 높은 자부심을 가지고 있었습니다. 사대부 중에는 천하가 근심하기에 앞서 근심하고, 천하 백성이 다 즐긴 후에 비로소

송나라 청동 그릇
세 개의 다리로 지탱하는 특이한 구조를 가지고 있습니다.

송의 수도였던 카이펑의 야경
사대부의 힘이 컸던 송나라 시기에 중국은 많은 발전을 이뤘습니다.

북송을 무너뜨린 정강의 변

금은 송나라가 요를 무너뜨리도록 도왔습니다. 요를 멸망시킨 뒤 연운 16주를 송이 차지하는 대신, 송은 요에 바치던 세금을 금에 바친다는 조건이었습니다. 그러나 송은 약속을 지키지 않고 오히려 쫓겨난 요와 동맹을 맺고 금을 치려고 했습니다. 격분한 금은 대군을 동원하여 송을 공격합니다. 그래서 1127년 송의 수도 변경을 함락시키고 마구 약탈한 뒤, 송의 상황 휘종과 황제 흠종, 황족과 궁녀, 관료, 기술자 등 3,000여 명을 포로로 잡았습니다. 북송은 그렇게 멸망했고, 이 사건을 '정강의 변'이라고 합니다.

즐긴다고 노래한 사람도 있습니다.

송나라 때는 이처럼 관리들이 힘을 갖고 나라를 발전시켰습니다. 전 세계적으로 널리 알려진 중국의 발명품들도 송나라 때 많이 나왔습니다. 종이, 화약, 나침반, 인쇄술을 흔히 중국의 4대 발명품이라고 합니다. 이중에서 화약, 나침반, 활판 인쇄술은 특히 송나라 때 발전했습니다. 화약은 전쟁에 필요한 화살과 화약 공, 화포, 철 조각을

넣은 화약 포대 등을 만드는 데 사용됐습니다. 나침반은 흐린 날이나 밤에 군대가 이동할 때, 먼 거리를 항해할 때 중요하게 사용됐습니다. 활판 인쇄술은 진흙으로 글자 하나 하나를 구워 활자를 만든 다음 이 활자들을 판으로 만들어 책을 찍었습니다.

송나라 시대의 목조 불상
오랜 세월이 흘렀음에도 불구하고 아직 본래의 색을 알아볼 수 있을 만큼 완성도가 높습니다.

악비 장군

악비는 송나라의 군인이자 정치인입니다. 가난한 농노의 가정에서 태어났지만 어릴 적부터 『손자병법』을 읽는 등 공부를 게을리하지 않았습니다. 1126년 여진족이 세운 금나라의 군대가 화북 지방을 침입하자 악비는 이에 맞서 싸웠습니다. 악비가 이끄는 군대는 싸움에서는 반드시 이기고 백성들에게는 결코 폐를 끼치는 일이 없었기 때문에 그들이 마을에 들어설 때마다 백성들이 술과 고기를 대접할 정도였다고 합니다. 악비는 외세의 침략에 대항하여 맞서 싸운 영웅으로 칭송받아 왔으며, 오늘날에도 관우와 함께 민간에서 무신(武神)으로 대우를 받고 있습니다.

몽골 제국을 건설한 칭기즈 칸

13세기는 몽골족의 시대였습니다. 몽골족은 칭기즈 칸이 이끄는 강력한 군사력을 앞세워 정복 전쟁을 펼쳤고, 그 결과 유라시아 대륙의 대부분을 차지하는 대제국을 건설합니다. 그리고 나라 이름을 원이라고 했습니다.

칭기즈 칸은 초원에 흩어져 살고 있던 몽골족들이 같은 민족

몽골 제국의 영토
1279년, 몽골 제국은 동유럽에서 고려까지 말 그대로 전 세계를 지배했습니다.

끼리 서로 싸우는 것을 안타깝게 여겨 몽골을 하나로 통일하고, 몽골 고원에서 세력을 다투던 다른 부족들도 제압하여 초원의 승자가 됐습니다. 또 자신들을 오랑캐라 멸시하던 금과 남송을 정벌하여 중앙아시아 거의 모든 지역의 지배자가 됐습니다. 그 뒤 이슬람 제국까지 정벌하여 태평양에서 유럽 동부 지역까지 아우르는 대제국을 건설합니다.

칭기즈 칸이 건설한 제국은 과거 로마 제국이나 알렉산더 대왕의 제국보다 더 넓은, 지금까지 인류 역사에 나타났던 어떤 나라보다도 광활한 대제국이었습니다. 칭기즈 칸은 이 엄청난 정벌 사업을 불과 70년 만에 이룩했습니다.

몽골의 빠른 정벌 사업을 뒷받침한 것은 막강한 군사력입니다. 몽골족에게는 부족의 모든 구성원을 전사로 활용할 수 있는 특유의 군사 조직이 있었습니다. 또 전사들은 용맹스러웠고, 가볍게 무장을 하고 말을 타고 달리며 싸우는 능력이 뛰어나 빠르게 적을 공격할 수 있었습니다.

그뿐만 아니라 유목민들의 특징인 이동

칭기즈 칸의 초상화
인류 역사상 가장 광활한 영토를 정복한 칭기즈 칸의 초상화입니다. 칭기즈 칸이란 위대한 군주라는 뜻으로 알려져 있으며, 그의 본명은 테무친입니다.

몽골의 침략에 저항한 고려

고려는 1231년부터 1257년까지 일곱 차례나 몽골의 침략을 받았습니다. 지배층과 백성들은 힘을 합해 끈질기게 몽골군과 맞서 싸웠지만, 전쟁이 길어지면서 백성들의 삶이 어려워지자 고려 조정은 결국 몽골에 항복합니다. 그러나 항복한 뒤에도 고려의 군사 조직인 삼별초가 저항을 계속했습니다.

민족별 계급 제도

원에는 다양한 민족들이 모여 살고 있었습니다. 원은 이들을 네 개 계급으로 나누어 차별했습니다. 이 계급 제도는 매우 철저해서 관직에 오르는 것은 물론, 법률도 계급에 따라 다르게 적용받았고, 옷과 그릇, 수레, 말안장까지도 다른 것을 쓰게 했습니다.

최고 지배층인 1계급은 물론 몽골인이었습니다. 중간 지배층인 2계급은 색목인(위구르족, 탕구트족, 이슬람인, 유럽인 등), 평민인 3계급은 한인(거란족, 여진족 등 옛 금나라 치하의 중국인과 고려인)입니다. 그리고 옛 남송 치하의 중국인들은 하층민인 4계급으로 분류됐습니다.

원나라의 영토
1294년경 원나라의 영토입니다.

생활에 익숙해 말린 음식을 전투 식량으로 사용하면서 빠르게 이동할 수 있었고, 이슬람 상인들의 도움도 정벌 사업에 큰 도움이 되었습니다. 이슬람 상인들은 안정된 무역로 확보를 위해 몽골족을 도왔습니다. 몽골이 대제국을 건설함으로써 동서 세계의 교류가 활발해져서 많은 외국인들이 원의 수도인 대도(베이징)를 찾아왔습니다. 그 결과 몽골 제국은 다양한 문화의 꽃을 피울 수 있었습니다.

교통망도 크게 발달했습니다. 칸의 명령을 지방 곳곳에 전달하고, 군대를 빠르게 이동시키기 위해 원은 전국의 도로망을 정비했습니다. 특히 수도인 대도를 중심으로 사방이 통하게 길을 건설하고, 전국에 1,500여 개의 역참을 설치했습니다. 일종의 정거장이라고 할 수 있는 역참은 보통 4, 6, 8킬로미터마다 설치되었고, 그곳에는 항상 말과 식량이 준비되어 있었습니다. 그리고 원의 도로망은 비단길, 초원길을

칭기즈 칸의 동상
칭기즈 칸은 현재 몽골 사람들도 영웅으로 여깁니다. 국제공항의 이름까지 그의 이름을 따 칭기즈 칸 국제공항이라고 부릅니다.

비롯해 이슬람의 도로망과 연결되어 있었기 때문에 그 길을 이용해서 세계 어느 곳이든 갈 수 있었습니다.

발달한 도로망을 이용해서 선교사와 상인, 외교 사절 등 많은 외국인들이 몽골 제국을 찾아왔습니다. 그들 중에는 여행기를 남긴 사람들도 있는데, 특히 마르코 폴로의 『동방견문록』이 유명합니다. 그런 책들은 13, 14세기 몽골 사회와 동서 교류의

몽골의 전통 가옥 게르
게르는 나무와 양털을 가지고 조립식으로 만드는 집입니다.

매사냥을 떠나는 몽골인들
몽골족은 유목 민족입니다. 그들은 말을 타고 초원을 달리면서 사냥과 목축을 하여 삶을 꾸려 나갔습니다.

모습을 아는 데 좋은 자료가 되어 줍니다.

거대한 제국 원도 그리 오래가지는 못했습니다. 쿠빌라이가 죽은 뒤 원은 여러 개의 작은 왕국으로 나뉘어 통치됐는데, 왕국 간의 세력 다툼이 심했고, 왕족들의 사치스러운 생활로 백성들의 삶이 크게 어려워졌습니다. 그래서 14세기 중반이 되자 원에 저항하는 농민 반란이 일어나 전국적으로 번졌습니다. 이 반란군들이 머리에 붉은 두건을 둘렀다고 해서 '홍건적의 난'이라고 합니다. 원은 결국 홍건적의 난으로 멸망하고 맙니다.

천호, 백호제

천호와 백호는 칭기즈 칸이 만든 군사 조직입니다. 백성들을 십호, 백호, 천호, 만호 단위로 묶고, 백부장, 천부장 등을 두어 그들을 지휘하게 했습니다.
또 백부장, 천부장의 자제 중에서 선발된 인물들로 친위 부대를 만들어 칭기즈 칸이 직접 지휘했습니다. 그들은 신체 건장하고, 충성심이 뛰어난 인물들이었습니다.

칭기즈 칸이 건설한 역사상 최대의 제국, 몽골 121

명나라와 청나라

홍건적의 난을 일으킨 홍건적의 우두머리는 주원장입니다. 그는 강남의 중심지였던 금릉을 점령하고 그곳을 중심으로 세력을 키워, '중화 회복'을 외치며 명나라를 세웠습니다. 강남 지역은 당시 원이 가장 심하게 차별을 했습니다. 그래서 원에 대한 반감이 컸던 탓에 세력을 모으고 키우기 쉬웠고, 마침내 원을 멸망시킨 것입니다.

명나라의 영토

명나라는 중국 역사상 처음으로 강남 지역에서 중국을 통일한 왕조입니다.

원을 멸망시킨 주원장은 몽골의 풍습을 없애고, 한족의 전통을 회복하는 데 힘썼습니다. 그리고 제3대 영락제에 이르러 전성기를 맞습니다. 그는 어린 조카를 황제 자리에서 몰아내고 황제가 되었습니다. 영락제는 수도를 베이징으로 옮기고, 몽골을 정

향촌의 지배 계급, 신사층

명나라 때는 '신사'라는 계층이 사회를 이끌어 갔습니다. 그들은 향촌에서 치안 유지, 민중 교화, 세금 징수 등의 일을 담당했습니다. 그 대신 그들에게는 요역이 면제되었고, 가벼운 범죄에 대해서는 책임을 묻지 않는 등 특권을 주었습니다.

장릉 명나라의 제3대 황제인 영락제의 무덤인 장릉의 입구입니다. 장릉 뒤에 산이 있는데 그곳이 전부 무덤이라고 합니다.

> ### 양명학
>
> 주자학에 '선지후행'이라는 말이 있습니다. '먼저 안 후에 행하여야 올바르게 행할 수 있다'는 뜻입니다. 그런데 명나라 중기의 왕수인은 이와 다른 주장을 했습니다. 그는 '사람의 마음이 곧 천하의 원리이므로 마음을 수양하는 것으로 족하다'라고 했습니다. 배운 사람만 올바르게 행할 수 있는 것이 아니라, 누구나 수양을 통해 올바르게 행할 수 있다고 주장한 것입니다. 또 '아는 것과 행하는 것은 다르지 않고 처음부터 같은 것이라'는 '지행합일'도 주장했습니다. 여기에서 비롯된 유학의 한 학설을 '양명학'이라고 합니다. '양명'은 왕수인의 호입니다.

복했습니다. 그리고 강남의 물자를 원활하게 운반하기 위해 대운하를 크게 새로 고쳤으며, 해외의 여러 나라와 활발하게 외교 관계를 맺었습니다.

또 영락제는 중국을 세계의 중심으로 만들겠다는 야심을 품고 있었습니다. 그래서 환관인 정화에게 아시아와 아프리카에 있는 나라와 외교 관계를 맺고 조공을 바치게 하라는 명령을 내립니다. 정화는 1405년에 62척의 배를 이끌고 난징을 출발해서 인도양의 서해안에 있는 콜카타까지 항해했습니다. 그의 함대는 이르는 곳마다 무역을 하고, 30여 개 나라와 외교 관계도 맺었습니다. 그래서 여러 나라의 사신과 상인들이 자기 지역의 특산물을 가지고 명을 찾아왔습니다. 이와 같은 항해는 중국인의 항해술을 높이는 데 큰 도움이 되었습니다. 정화의 함대는 그 뒤로도 여섯 차례나 더 항해하면서 아프리카에까지 진출했습니다.

그러나 명나라의 번영도 종말을 맞습니다. 안으로는 관리들이 당쟁을 일삼고, 밖으로는 몽골과 왜구의 침입으로 군사비가 늘면서 농민들은 많은 세금 부담으로 어려움을 겪게 됩니다. 이에 하급 관리 출신의 이자성이 반란을 일으켜, 40만 농민군을 이끌고 베이징으로 쳐들어갔습니다. 결국 명의 황제는 자살하고, 다른 중국의 왕조들처럼 명나라도 농민의 반란으로 인해 멸망하고 맙니다.

한편 만주에서는 1616년 누르하치가 여진족을 통일하고 후금을 세웁니다. 이어서 요동의 여러 성을 함락시키지만, 만리장성을 넘어 명을 공격하기는 쉽지 않았습니다. 그러던 중 이자성의 난으로 명이 멸망하자, 만리장성을 지키고 있던 명의 장군

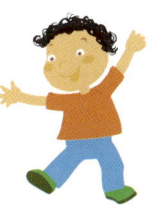

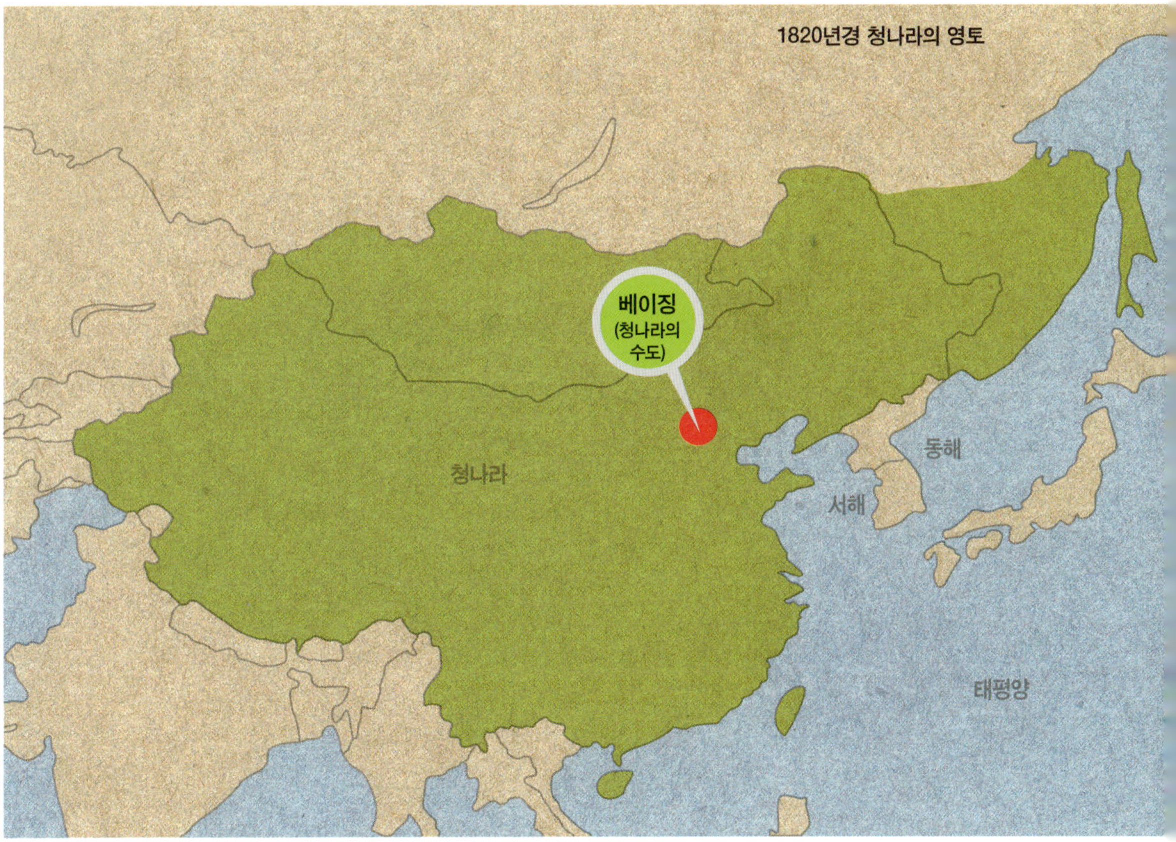
1820년경 청나라의 영토
베이징
(청나라의
수도)
청나라
동해
서해
태평양

오삼계가 후금과 내통하여 문을 열어 줍니다. 후금의 군사는 만리장성을 넘어 물밀듯이 밀려들어 왔고, 각지에서 반란군을 진압하고 중국 본토를 차지했습니다. 후금은 나중에 나라 이름을 청으로 바꿉니다.

청은 몽골족의 원나라에 이어 중국 본토를 차지하고 나라를 세운 두 번째 이민족입니다. 그러나 청은 원처럼 중국 문화를 배척하지 않고 오히려 적극적으로 받아들였습니다. 또 중요 관직에도 만주인과 한인을 고루 등용했습니다. 그렇게 해서 200만 명에 불과한 만주족이 수억 명의 한족을 300년 가까이 지배할 수 있었습니다.

청이 유화 정책만 썼던 것은 아닙니다. 그들은 한족에게 자신들의 머리 모양을 강요했고, 청을 비판하는 학자들은 가혹하게 처벌하는 등 강압 정책을 사용하기도 했습니다.

청의 전성기는 17세기 후반부터 18세기 말까지 강희, 옹정, 건륭, 이 세 황제가 지배하던 때입니다. 이 시기에 중국 통일은 완성되었고, 합리적인 정책을 펼치면서 주접 제도를

청의 헤어스타일, 변발

만주족 남자들은 뒤쪽 머리카락만 남겨 길게 기른 뒤 한 갈래로 땋아 내렸습니다. 이런 머리 모양을 변발이라고 합니다. 중국을 지배하게 된 청은 한족에게도 변발을 강요했습니다. 많은 한족들이 강하게 반발했지만, 청 정부가 워낙 엄하게 단속을 한 탓에 결국 모든 사람들이 변발을 하게 되었습니다.

궁수
청나라 궁수의 모습입니다.

황제의 권한을 강화시켜 준 주접 제도

주접은 보통 문서들이 차례로 계통을 밟아 황제에게까지 올라가는 것과 달리 황제에게 직접 올리는 문서입니다. 옹정제는 지방 백성들을 다스리는 데 각별히 신경을 써서 주접 제도를 만들었습니다.

주접을 받으면 황제는 붉은 글씨로 답을 달아 문서를 올린 관리에게 보내고, 문서를 올린 관리는 그것을 읽은 뒤 다시 궁중에 제출하여 보관하게 했습니다. 이 제도는 황제가 지방의 상황을 신속히 보고받을 수 있게 하고 관리들의 허위 보고도 줄게 해서 황제가 전국의 상황을 바르게 파악하게 해 줬습니다.

천단 공원
명나라와 청나라 때 하늘에 제사를 지내던 천단 공원입니다. 중국 베이징에 있습니다.

청나라의 황실이었던 자금성
자금성은 유네스코 세계 문화유산으로, 중국 베이징의 중심에 있는 명나라와 청나라의 궁궐입니다. 궁궐의 규모는 세계 최대를 자랑합니다.

통해 관리를 등용하는 등 개혁을 실시했습니다. 또 활발한 정복 사업을 통해 외몽골, 신장, 칭하이, 티베트 등을 굴복시킴으로써 중국의 영토는 역사상 가장 넓은 규모가 되었습니다.

인구도 폭발적으로 증가했습니다. 5000에서 6000만 명이던 중국 인구는 18세기 중반 2억 명을 넘어섰고, 19세기 중반에는 4억 명이 넘었습니다. 인구가 이렇듯 급속하게 늘어난 이유는 경작지가 늘어나고, 조생종 벼와 감자, 고구마, 옥수수 등 새로운 작물이 재배되면서 먹을거리가 풍족해졌기 때문입니다.

명과 청 시대에는 은이 화폐로 사용되었고, 세금도 은으로 냈습니다. 그것은 대외 무역을 통해 막대한 은이 중국으로 들어왔기 때문입니다. 그래서 명나라 말기에는 은으로 세금을 내는 일조편법이라는 제도가 있었습니다. 또 청나라 때는 성인에게 일률적으로 매기던 세금인 인두세를 폐지하고, 토지 소유자에게 인두세를 포함한 토지세를 은으로 내게 하는 지정은제를 실시했습니다.

그러나 청은 신해혁명으로 멸망하고, 그 후 중국은 황제 없는 나라가 되었습니다.

토기
청나라 때 만들어진 병사 모양 토기입니다.

무역 독점권을 가진 공행

청은 1757년 무역 장소를 광저우로 제한하고, 정부에서 허가한 동업 조합인 '공행'만 무역을 하게 했습니다. 그 결과 무역을 독점하게 된 공행은 막대한 이익을 올렸습니다.
외국 상인들은 이런 제도가 여간 불편하지 않았습니다. 그래서 서양 여러 나라는 청에 공행의 폐지를 끊임없이 요구했습니다. 청은 이를 계속 거절하다가 아편 전쟁에서 패배하면서 결국 공행을 폐지하게 됩니다.

중세 일본의 막부 정치

일본은 약 1만 년 전 수렵과 채집으로 살아가던 신석기 시대를 거쳐, 기원전 3세기경 한반도에서 벼농사가 전래되어 야요이 시대가 열렸습니다. 이 무렵에는 금속을 사용할 수 있게 되어 농사 등이 빠르게 발전했고, 이를 바탕으로 사유 재산 및 신분과 계급 제도가 싹트기 시작했습니다.

또 3세기 말에는 야마토 지방을 중심으로 최초의 통일 국가가 탄생했습니다. 그러나 나라 이름이 정해지지 않은 탓에 이 나라를 그냥 야마토 정권이라 말합니다.

고후쿠지 사원
야마토 정권 당시 세워진 불교 사원입니다. 고후쿠지 사원이 있는 '나라' 지역은 야마토 정권의 중심지였습니다.

   이 무렵부터 왕위가 세습되기 시작했고, 백제를 통해 4세기 말에는 한자와 유교, 6세기에는 불교가 전래되었습니다. 또 '나라'에 도읍을 두고 있던 나라 시대에는 천황의 명령으로 일본 최초의 역사책인 『고사기』와 『일본서기』가 만들어졌습니다. 이 책들에서는 천황의 신성함을 강조하고 있습니다.
   그러나 야마토 정권은 그 바탕이 호족들의 연합 정권이었습니다. 그래서 왕권이 강화되기는 했지만, 여전히 호족들의 세력

사무라이 갑옷

일본의 무사 계급; 사무라이의 갑옷입니다. 사무라이들 중에 최고의 지위에 오른 자를 쇼군이라 부르며, 비록 천황이 있다 할지라도 쇼군이 통치를 하는 것을 막부 정치라 합니다.

을 무시할 수 없었습니다.

8세기 말에는 수도를 지금의 교토인 헤이안쿄로 옮겨 나라 이름을 일본이라 정했습니다. 또 국가 체제도 정비했습니다. 이후 1,000여 년을 '헤이안 시대'라고 합니다.

헤이안 시대 후반부터 무인들이 성장하기 시작했습니다. 처음에는 귀족들의 경호를 맡았지만, 그들은 차츰 정치적 실권을 장악해 나갔습니다.

헤이안 시대 초기 귀족의 경호를 담당하는 무사를 '사무라이'라 했습니다. '사무라이'는 '귀한 사람을 가까이서 모시며 시중든다'는 뜻에서 나온 말입니다. 시간이 지나면서 궁궐 경호 등을 위해 지방의 무사를 채용하자 '사무라이'는 일반적인 무사를 가리키는 말이 되었습니다. 사무라이들은 점차 통치에 참여하면서 중세 일본 사회의 지배 계층이 되었습니다. 그들은 천황의 허가를 받아 지방과 중앙의 치안 유지와 장원 관리, 세금 징수 등의 관직을 만든 뒤 그러한 관직에 자신들의 부하를 임명함으로써 권력을 행사하게 되었습니다.

일본에서 무사의 최고 우두머리가 차지하는 관직을 '쇼군'이라고 합니다. 우리나라 말로 장군을 의미하며, 쇼군이 거처하는 곳을 막부라고 했습니다. 그래서 쇼군이 우두머리가 되고, 막부가 중심이 되는 정치를 '막부 정치'라고 합니다.

일본에는 천황이 있었지만, 실질적인 통치권은 무인들의 우두머리가 행사하던 막부 정치가 12세기부터 19세기까지 700여

에도 막부

막부 시대 700년 동안 가마쿠라 막부, 무로마치 막부, 에도 막부, 이렇게 세 개의 막부가 있었습니다. 그러나 무로마치 막부까지는 막부의 지배력이 그렇게 견고하지는 못했습니다. 에도 막부 시대에 이르자 막부는 비로소 강력한 군사력으로 봉건 영주에 대해 적절한 통제력을 행사하며 중앙 집권적인 권력을 갖게 되었습니다. 에도 시대의 통치 형태는 쇼군이 절대적인 지배 권력으로 막부를 장악하고, 그 밑에 270명의 영주가 자치적으로 지방을 다스리는 체제였습니다. 이런 체제를 중앙 집권적 봉건제라고 합니다. 지방의 영주가 세금을 거둬 자체적으로 사용한다는 점에서는 봉건적인 성격이 강하지만, 막부의 통제력이 강하다는 면에서는 중앙 집권적인 성격을 가진 통치 형태입니다.

마츠모토 성
일본에서 가장 아름다운 성으로 꼽히는 마츠모토 성의 모습입니다.

칭기즈 칸이 건설한 역사상 최대의 제국, 몽골

년 동안 계속되었습니다. 그러다가 1867년 서양의 강요로 개항이 이루어져 경제가 어려워지면서, 하급 무사를 중심으로 한 개혁파의 저항에 부딪혀 막부 시대는 막을 내리고, 통치권을 천황에게 돌려주게 되었습니다.

인도의 무굴 제국

인도는 다양한 인종과 언어, 종교, 생활 풍습을 가지고 있습니다. 또 지리적으로 아시아 대륙으로부터 떨어져 있어 일찍부터 독특하고 개성적인 문화를 발전시켰습니다.

한편 지형적으로 북서부 지역은 외부 세력 침입의 출입구가 되어 그리스인, 훈족, 터키족 같은 외부 세력과의 항쟁 속에서 성쇠를 거듭했지만, 데칸 고원이 있는 남부 지역은 외부 세력의 침입을 비교적 적게 받았습니다.

인도는 5,000년 넘는 긴 역사를 가지고 있지만, 정치적으로 통일을 이룬 왕조는 마우리아 왕조(BC 321년~BC 185년), 굽타 왕조(AD 380년~AD 606년), 무굴 왕조(AD 1526년~AD 1858년), 이렇게 세 왕조에 지나지 않습니다.

마우리아 왕조는 인도 최초로 통일 제국을 세워 인도 전역을 지배한 왕조입니다.

굽타 왕조는 북인도 지역을 지배했으며, 이 시기에는 정치의

무굴 제국의 영토

안정과 상업의 발달, 그리고 예술·종교·건축 등이 크게 발달하여 인도 고전 문화의 황금기를 이루었습니다. 그러나 그 이후 훈족의 침입에 시달리면서, 인도는 여러 개의 작은 나라들로 분열됩니다.

12세기 이후 이슬람이 본격적으로 인도를 침입하기 시작했습니다. 그래서 마침내 1526년 이슬람 왕국인 무굴 제국이 탄생합니다. '무굴'은 아라비아어로 '몽골'을 뜻합니다.

무굴 제국을 세운 바부르는 티무르의 5대 손으로, 칭기즈 칸의 후손입니다. 무굴 왕조는 바부르의 손자 악바르 대에 이르러

악바르 대제의 왕궁인 파테푸르 시크리
악바르 황제는 아들이 없었는데 예언을 듣고 아들을 얻자, 그것을 기념하기 위해 세운 도시입니다.

데칸 지역을 제외한 인도 영토의 대부분과 아프가니스탄 지역까지 아우르는 대제국으로 발전합니다. 그 뒤 150년 동안 전성기가 이어졌습니다.

무굴 제국이 그렇게 오랫동안 번영을 누릴 수 있었던 것은 힌두교를 포용하는 정책을 썼기 때문입니다. 악바르 대제는 힌두교도를 왕실의 관리, 장군, 지방 행정 관료 등으로 뽑고 힌두 공주를 아내로 맞는 등 포용 정책을 썼습니다. 또 무슬림 교도가 아닌 사람들이 내야 하는 세금을 폐지해서 무슬림과 힌두교도를 동등하게 대우했습니다. 그 밖에 중앙 집권적 행정 제도를

무굴 제국의 성
성벽에는 현재도 당시의 화려한 장식이 남아 있습니다. 무굴 제국은 여러 문화를 포용하고 여러 가지 제도를 정비하며 발전했습니다.

샤 자한의 사랑이 담긴 타지마할

유네스코 세계 문화유산인 타지마할입니다. 타지마할은 세상에서 가장 아름다운 건축물로 손꼽히고 있습니다.

타지마할은 무굴 제국의 제5대 황제 샤 자한의 왕비 뭄타즈 마할의 무덤입니다. 황제는 사랑하는 왕비가 죽자 이 무덤을 만들었습니다. 야무나 강 가에 우윳빛 대리석으로 만들어진 아름다운 타지마할은 이슬람 양식을 대표하는 건축물로, 세계 문화유산에 등록되어 있습니다. 이슬람교와 힌두교가 어우러져 살던 무굴 제국의 건축물답게 둥근 돔과 첨탑은 이슬람 사원 양식의 영향을 받았고, 격자의 세공이나 문에 새긴 연꽃 등은 힌두 양식을 계승한 것입니다.

타지마할
샤 자한 황제가 사랑하는 아내를 위해 만든 타지마할입니다.

정비하고, 경제를 발전시켰습니다.

제5대 왕인 샤 자한 시대에는 무굴 제국이 경제적, 문화적으로 더욱 번성합니다. 그래서 타지마할 궁전과 같은 아름다운 유적을 남겼습니다. 또 16세기 초에는 나나크라는 사람이 힌두교와 이슬람교를 융합하여 시크교를 창시합니다. 시크교도들은 수염이나 머리카락을 자르지 않고 머리는 상투처럼 틀어 올려 큰 터번으로 감쌌습니다.

1707년 아우랑제브는 데칸 고원을 정복하여 무굴 제국의 영토를 더욱 넓혔습니다. 그러나 독실한 이슬람교도였던 그는 힌두교도를 탄압했고, 그 결과 힌두교도와 시크교도들이 반란을 일으켰습니다. 잇단 반란에 무굴 제국은 결국 쇠퇴하고, 여러 개로 나뉩니다. 이 무렵 서구 열강들의 침입이 시작되어, 무굴 제국은 더욱 급격하게 국력이 약해졌습니다.

열강의 각축이 본격화되면서, 1757년 플라시 지방에서 인도의 지배권을 둘러싸고 영국 동인도 회사 군대와 프랑스의 연합군 사이에 전투가 벌어집니다. 전투는 영국의 승리로 끝났고, 그 뒤 무굴 제국은 영국의 지배를 받게 되었습니다.

영국은 다시 1857년 일어난 세포이의 항쟁을 진압함으로써 무굴 제국을 멸망시킵니다. 그 뒤 인도는 1858년 영국의 직할지로 편입되어 그 이후 동인도 회사가 아닌 영국 국왕의 직접 지배를 받게 되었습니다.

몽골 연표

2

당나라의 유명 시인 이백을 기념한 우표입니다. 이백은 두보와 함께 중국 역사상 가장 위대한 시인으로 꼽힙니다.

당나라 건국

수나라에 이어 세워진 당나라는 귀족 중심 사회로 유학과 문학이 크게 발달했습니다. 그러나 중앙 권력이 약화되고 지방의 절도사들이 횡포를 부려 쇠망의 길을 걷다 907년 멸망합니다.

4

송나라 건국

송나라는 이전의 중국 왕조와 달리 문화를 통해 통치했습니다. 예술과 사상 및 실용 기술이 발달했고 이러한 발달의 혜택이 일부 특권 계층이 아닌 일반 백성들 사이에도 널리 퍼졌습니다. 그러나 1279년 몽골인이 세운 원나라에 의해 멸망하고 맙니다.

송나라를 건국한 태조 조광윤의 초상화입니다.

6

몽골인들은 유목 생활을 했었지만, 칭기즈 칸의 통일 이후 세계 역사의 한복판에 등장하게 됩니다.

칭기즈 칸, 몽골 통일

칭기즈 칸은 외교와 전쟁을 통해 몽골의 여러 부족들을 정복하고 결국 몽골족을 통일하기에 이릅니다. 이후 칭기즈 칸은 몽골 군대를 정비하여 세계 정복에 나서게 됩니다.

618년 · 960년 · 1206년
581년 · 794년 · 1162년

수나라 건국

수나라는 약 300년 만에 중국을 재통일한 나라입니다. 수나라는 무리한 토목 공사와 고구려를 침략하는 등 전쟁으로 인해 결국 618년에 멸망하고 맙니다.

1

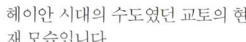

헤이안 시대의 수도였던 교토의 현재 모습입니다.

일본, 헤이안 시대

일본 교토에 세워진 헤이안쿄에 일본 천황이 살게 되면서 헤이안 시대가 시작됩니다. 약 400년간 지속된 헤이안 시대에는 귀족, 승려의 부패가 심해 그들을 제압하기 위한 무사 계급이 성장한 시대이기도 합니다.

칭기즈 칸 탄생

역사상 세계 최대의 제국, 몽골을 만들어 낸 칭기즈 칸이 태어났습니다. 그의 어릴 적 이름은 테무친이었습니다. 테무친은 대장장이라는 뜻입니다.

5

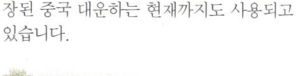

수나라 때 만들어져 여러 차례에 걸쳐 확장된 중국 대운하는 현재까지도 사용되고 있습니다.

3

칭기즈 칸의 동상입니다. 칭기즈 칸은 아직도 몽골에서 위대한 영웅으로 추앙받고 있습니다.

무굴 제국의 제5대 황제 샤 자한의 시대인 1600년대에
수도를 옮기며 지은 건물입니다.

10

원나라 멸망

몽골 제국의 정통을 계승한 원나라가 멸망함으로써 60년간 이어진 몽골 제국의 지배도 끝나게 됩니다. 이 시기 동안 유라시아 대륙은 몽골에 의한 평화를 누리며 다양한 문물 교류를 이루게 됩니다.

12

바부르, 무굴 제국 건국

무굴이라는 말은 아랍 어로 몽골라는 뜻입니다. 무굴 제국을 세운 바부르는 칭기즈 칸의 후손으로 여러 종교들을 동등하게 대하고 중앙 집권적 행정 제도를 정비하며 경제를 발전시켰습니다.

8

몽골, 고려 침입

몽골족이 고려를 침입합니다. 총 7차에 걸친 침입이 30년간 이어진 끝에 고려는 몽골족의 지배를 받게 됩니다.

1231년

1368년

1526년

227년

1271년

1368년

칭기즈 칸 사망

몽골을 통일하고 정복 사업을 펼쳐 나가던 칭기즈 칸은 서하를 정벌하던 중 병으로 죽습니다. 그의 후손들은 계속하여 정복 전쟁을 펼쳐 서유럽부터 한반도까지 세계 역사상 가장 커다란 제국을 건설하게 됩니다.

7

쿠빌라이칸, 원나라 건국

원나라는 칭기즈 칸의 손자인 쿠빌라이가 몽골 제국의 나라 이름을 '대원'으로 고치면서 세워진 나라입니다.

9

주원장, 남경을 수도로 명나라 건국

농부 출신의 주원장이 천재지변과 전염병으로 나라가 혼란스러운 틈을 타 명나라를 세웁니다. 주원장은 나라를 세우자마자 북쪽 세력을 몰아내고 만리장성 남쪽의 지역을 명나라로 통일하게 됩니다.

명나라 태조 홍무제 주원장의 초상 화입니다.

11

원나라를 세운 쿠빌라이의 초상화입니다.

십자군 전쟁과
중세의 붕괴

11세기 무렵 유럽에서는 성지 순례가 활발하게 이루어졌습니다. 이 무렵 예루살렘은 터키의 영토였습니다. 이슬람교도인 터키 사람들은 성지 순례를 위해 예루살렘을 찾는 그리스도교도들을 박해했습니다. 이에 로마 교황 우르반 2세는 성지를 되찾기 위해 십자군 전쟁을 일으켰습니다. 유럽의 중세를 몰락시킨 계기가 된 것이 바로 십자군 전쟁입니다.

십자군 전쟁과
중세의 붕괴

 **십자군 전쟁**

    십자군 전쟁은 약 200년 동안 계속되었습니다. 그러나 여덟 차례에 걸친 십자군 원정이 실패로 끝나자, 교황의 권위는 땅에 떨어졌고, 교회에서 돈을 받고 죄를 면해 주는 면죄부를 파는 등 성직자들의 타락으로 일반인들의 신앙심은 점점 식어 갔습니다.

    또 십자군 원정으로 상공업자들의 활동 무대가 크게 넓어지기는 했지만, 제후와 기사들이 오랫동안 집을 떠나 있게 되어 자신들의 영지에 대한 관리가 소홀해질 수밖에 없었습니다. 그러자 새롭게 등장한 시민 계급의 힘과 왕권이 크게 강해졌습니다.

    또 이 시기에 흑사병이 유행하면서 당시 유럽 인구의 3분의

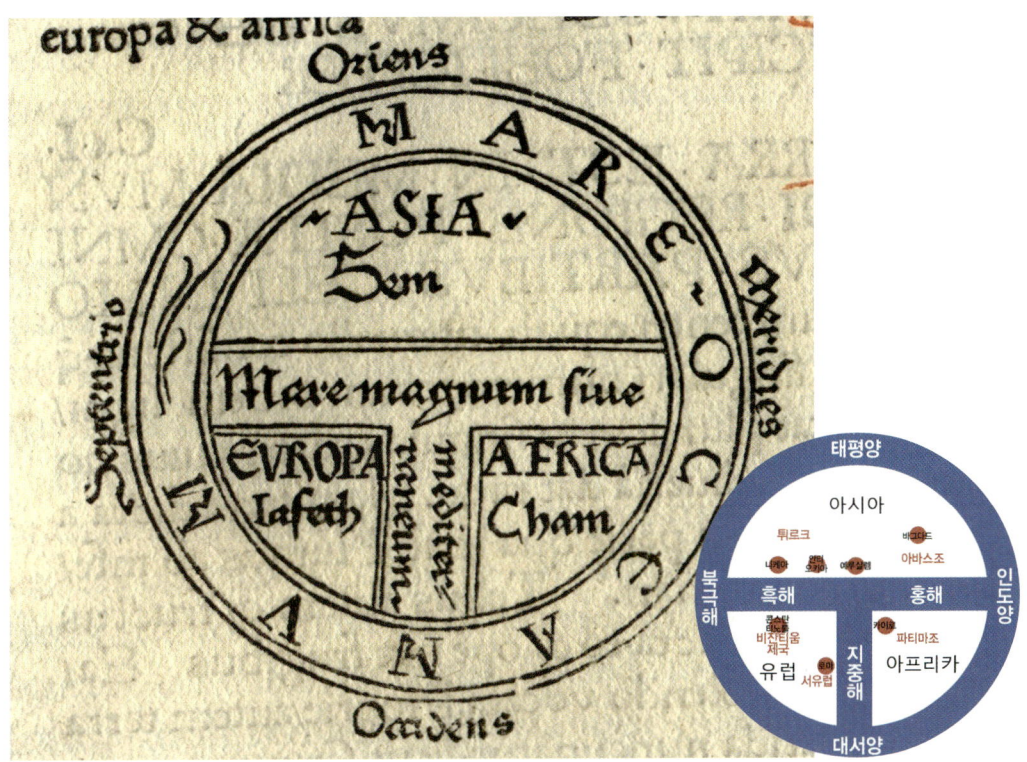

유럽에서 쓰이던 TO 지도
알파벳 T와 O로 세계를 간략하게 그렸기 때문에 TO 지도라 불립니다. 당시 유럽인들의 세계관을 잘 보여 줍니다.

1가량이 죽었습니다.

이 무렵에 있었던 또 하나의 큰 사건은 영국과 프랑스 사이의 백년 전쟁입니다. 프랑스의 잔 다르크가 활약한 바로 그 전쟁입니다. 또 영국에서는 랭커스터 가문과 요크 가문 사이의 장미 전쟁으로 잔인한 살인극이 벌어지기도 했습니다. 중세는 그렇게 무너져 갔습니다. 이렇게 중세의 몰락을 가져온 십자군 전쟁에서 장미 전쟁까지의 긴 이야기를 시작해 볼까요?

예루살렘 순례자들

서부 유럽은 11세기에 이르러 점차 안정기에 접어듭니다. 그러자 그동안 봉건 제도와 가톨릭 교회라는 두 개의 수레바퀴로 꾸준히 성장하던 서유럽은 밖으로 눈을 돌려 세력을 팽창하려 합니다. 그 신호탄이 십자군 원정이었습니다.

서유럽의 그리스도교도들 사이에는 성지 예루살렘을 순례하는 풍습이 성행하고 있었습니다. 예루살렘은 예수 그리스도

십자군 전쟁 당시 예루살렘을 지배하던 셀주크 제국의 영토

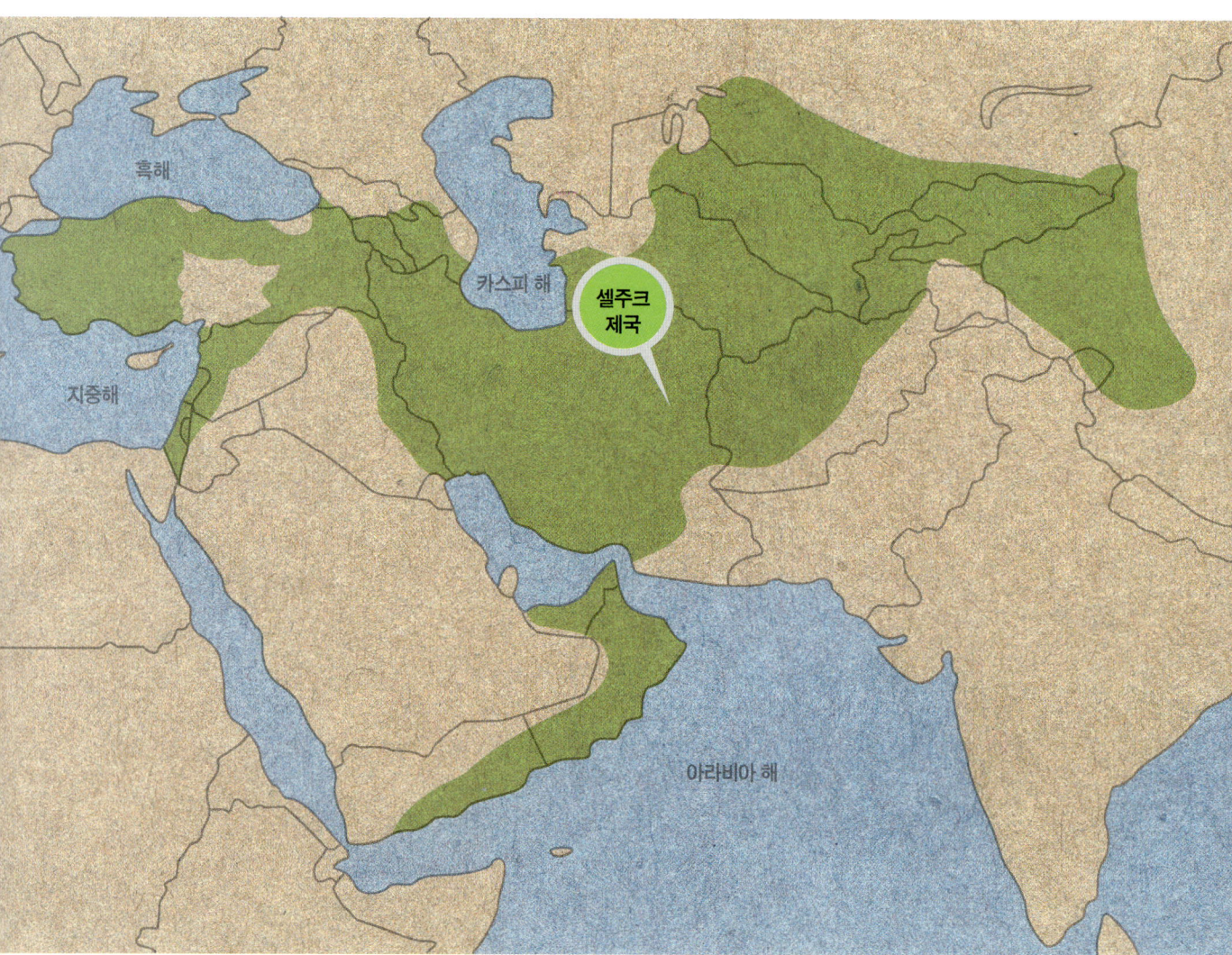

의 무덤이 있는 곳으로, 당시 이슬람 세력인 셀주크 제국이 지배하고 있었습니다.

셀주크 제국은 10세기에 중앙아시아에서 이슬람 제국 동부로 이동하면서 이슬람교를 열렬히 믿게 되었습니다. 그 뒤 세력을 넓혀 11세기 중엽에는 바그다드를 점령했습니다. 그러자 동로마 제국은 위협을 느끼고 그들을 공격했지만 크게 패하고, 황제가 포로가 되는 등 수모까지 당합니다.

셀주크 제국은 그 뒤 서유럽 그리스도교도들의 성지 순례를 방해하기 시작했습니다. 또 동로마 제국의 영토를 공격하기도 했습니다. 이에 위협을 느낀 동로마 제국 황제는 그동안 사이가 좋지 않았던 로마 교황 우르반 2세에게 도움을 청합니다.

교황은 기꺼이 동로마 황제의 청을 받아들였습니다. 교황의 권력을 키우기를 원했던 우르반 2세에게 그것은 좋은 기회였기 때문입니다. 그는 튀르크를 공격해 성지 예루살렘을 이교도들의 손에서 되찾고, 동로마 교회도 로마 교회에 통합할 수 있기를 원했습니다. 교황은 서유럽의 그리스도교도들에게, 이슬람교도의 손에서 성지를 되찾자고 호소했습니다. 또 동방으로 가면 금은 보석과 온갖 신기한 물건을 차지할 수 있다고 황제를 따르는 제후들의 호기심을 자극했습니다. 많은 열성적인 성직자들이 곳곳을 순례하며 원정군에 참가할 것을 권했습니다. 교황 자신도 프랑스를 돌면서 원정군 결성을 제창했습니다.

마침내 1095년 11월, 프랑스의 클레르몽에서 회의가 열리고,

십자군을 상징하는 십자가 문양

성지 회복을 위한 원정군을 결성하기로 결정했습니다. 그래서 국왕과 제후, 기사, 상인, 그리고 농민에 이르기까지 모든 세력이 참여하는 십자군이 결성되었습니다. 그들은 예수가 십자가에 못 박혀 죽은 것을 기념해 가슴에 붉은 헝겊으로 만든 십자가 표시를 만들어서 붙였습니다. '십자군'이란 말은 여기에서 유래한 것입니다.

십자군을 일으킨 명분은 성지를 되찾자는 종교적인 이유였지만, 속내를 들여다보면 여러 현실적인 이해관계들이 뒤엉켜 있었습니다. 먼저 교황은 십자군 원정이 이슬람 세력을 몰아내고 서아시아까지 가톨릭 세력을 넓힐 수 있는 좋은 기회라고 생각했습니다. 또 동로마 제국을 도와주는 것으로 자신이 가톨릭의 최고 지위에 있음을 확인시켜, 동로마 제국 황제를 자신의 지배 아래 두고자 했습니다.

십자군 병사
옛 기록들을 바탕으로 재현한 중세 십자군 병사의 모습입니다.

여러 나라 왕들도 나름의 속셈이 있었습니다. '카노사의 굴욕' 사건이 말해 주듯, 중세에는 정치를 지배하는 국왕보다 종교의 지배자인 교황의 힘이 더 강했습니다. 그래서 국왕들은 십자군 전쟁에 참가해 자신들의 능력을 보여 줌으로써 교황에게 빼앗긴 힘을 되찾아오려고 했습니다. 또 동방으로 진출해 더 넓은 영토를 확보함으로써 자신들의 권력을 더욱 튼튼하게 하려는 욕심도 있었습니다.

기사들은 이 전쟁을 통해 용맹성을 발휘해 자신들의 위상을 높이고, 영토를 넓힐 수 있는 기회로 삼고자 했습니다. 전쟁에 이기면 당연히 영주의 영토가 늘어나고, 그러면 기사에게 내리는 봉토도 그만큼 늘어날 것이기 때문입니다.

상인들에게도 십자군 전쟁에 찬성한 나름의 이유가 있었습니다. 상인들은 주변 나라에서 생산된 비슷비슷한 물건을 파는 것보다 멀리 떨어진 나라에서 들여온 특별한 물건을 비싼 값에 파는 것이 더 많은 이익을 남길 수 있습니다. 그러나 이슬람 세력 때문에 무역로가 막혀 동양의 물건을 사 들여오기가 힘들었습니다. 상인들은 이 전쟁을 통해 동양과 무역할 수 있는 길이 열리기를 바랐습니다.

또 가장 힘이 없었던 농민과 농노들까지 십자군 전쟁에 적극적으로 참여한 것은 전쟁에서 공을 세우면 토지를 상으로 받거나 농노 신분에서 벗어날 수 있다는 기대 때문이었습니다.

이처럼 전 유럽 사람들의 이해관계가 맞물려 십자군 전쟁은 200년이 넘게 계속되었습니다. 이런 의미에서 본다면 십자군 원정은 성지를 되찾기 위한 성스러운 전쟁이라기보다는 11세기 이후 안

중세 기사
기사들은 십자군 전쟁을 통해 자신들의 지위를 높이고자 했습니다.

정기에 접어든 서유럽 세계의 대외 팽창 전쟁이라는 성격이 더 짙다고 할 수 있겠습니다.

제1차 십자군의 승리

우르반 2세는 가장 우수한 기사들로 십자군을 구성할 생각이었지만, 지원한 사람들은 신앙심이 깊은 농민들이 많았습니다. 그리고 귀족이나 영주, 왕자도 더러 참여했습니다.

그들은 예루살렘이 얼마나 먼 곳인지 전혀 알지 못했습니다. 특별히 지리를 배운 사람도 없었고, 더구나 지도 같은 것은 없던 때였기 때문입니다. 유럽에서 성지 예루살렘까지는 직선 거리로도 3,000킬로미터가 넘습니다. 프랑스에서 예루살렘까지는 3,400킬로미터로, 서울에서 부산까지 거리의 여덟 배가 됩니다. 이 먼 거리를 귀족이나 부자들은 말을 타고, 가난한 사람들은 걸어서 행군했습니다.

십자군이 쳐들어온다는 소식을 듣고 예루살렘에 있던 튀르크 이슬람 군대가 달려왔습니다. 그래서 선발대로 출발했던 사람들은 거의 전멸당하고 맙니다.

우르반 2세가 구성한 정규 십자군은 1096년 이른 가을, 예루살렘을 향해 출발했습니다. 국왕들의 참가는 없었지만 영국과

참혹했던 십자군 전쟁

역사가들은 십자군 전쟁이 다른 어떤 전쟁보다도 참혹했다고 말하고 있습니다. 제1차 십자군은 1099년 7월 예루살렘을 점령하자, 성에 사는 많은 민간인들을 학살했습니다. 그래서 솔로몬 신전의 내부와 복도에 피가 무릎까지 찼다고 합니다.

프랑스에서는 국왕의 형제들이 참가했습니다. 이들 십자군의 수를 흔히 수십만 대군이었다고 말하지만, 실제는 기병 5,000명에 보병 1만 5000명 정도였습니다. 그리고 예루살렘 공격에 참가한 병력은 전체의 3분의 2 정도였다고 합니다. 중세 유럽에서는 그 정도만 해도 대군이라 할 수 있었습니다.

십자군 주력 부대는 비잔틴군과 연합해서 예루살렘으로 가는 길목에 있는 도시 안티오크를 공격하기로 했습니다. 그런데 비잔틴군이 아무런 연락도 없이 철수해 버렸습니다. 십자군

제1차 십자군 원정
십자군의 관점에서 제1차 십자군의 원정을 그린 그림입니다.

십자군 전쟁의 목적지 예루살렘
예루살렘의 현재 모습입니다. 예루살렘은 지금까지도 여러 분쟁의 중심지로 남아 있습니다.

은 이탈리아 도시들의 도움을 받아 2개월의 전투 끝에 가까스로 안티오크를 함락시킬 수 있었습니다. 안티오크가 함락됨으로써 십자군은 곧장 예루살렘으로 진격을 할 수 있게 되었습니다. 또 비잔틴군에 배신당한 십자군은 비잔틴 황제와 인연을 끊고 이탈리아 도시들의 도움을 받아, 유럽인의 힘만으로 예루살렘을 회복하게 됩니다.

그런데 십자군에 문제들이 생겼습니다. 내부 분열과 약탈이 그것입니다. 프랑스 남부 출신 기사들과 북부 출신 기사들은 서로 자신들의 큰 활약으로 안티오크를 점령했다고 싸웠습니다. 그들의 대립은 날로 심해졌습니다.

또 사라센의 성을 점령하고 나면 닥치는 대로 약탈하고, 사

라센 사람들을 남녀노소 가리지 않고 모조리 죽였습니다. 십자군은 그렇게 약탈과 살인을 저지르며 진군하여 1099년 6월 목적지인 예루살렘 성 밖에 이르렀습니다. 그리고 6주일이나 계속된 전투 끝에 성을 함락시켰습니다.

십자군은 그렇게 제1차 원정으로 예루살렘을 탈환했고, 지중해 동쪽 기슭에 예루살렘 왕국을 세웠습니다. 원정에 참가했던 십자군 병사들은 예루살렘 순례를 마친 뒤 각자의 고향으로 돌아갔습니다.

중세의 기사
금속으로 된 갑옷을 두르고 무기를 들고 있는 중세의 기사를 재현한 모습입니다.

이슬람군의 반격

제1차 십자군이 예루살렘을 탈환하기는 했지만, 그 승리는 그리 오래가지 못했습니다. 12세기에 접어들자 이슬람의 반격이 시작된 것입니다. 유럽 사람들이 예루살렘 탈환을 성스러운 전쟁이라고 생각했던 것처럼, 이슬람교도들도 예루살렘 탈환을 나름으로 성스러운 전쟁이라 생각했습니다.

제1차 십자군 원정의 승리로 세운 예루살렘 왕국은 12세기 후반이 되면서 점점 쇠퇴했습니다. 이 시기 이슬람 쪽에서는 살라딘이라는 위대한 장군이 이집트와 시리아의 지배자가 되어 이슬람 세계를 통합하고 있었습니다.

1187년 9월 20일, 살라딘의 군사는 예루살렘을 정복했습니다. 이곳은 제1차 십자군 전쟁 때 그리스도교를 믿는 십자군 병사들에게 수많은 이슬람교도들이 잔인하게 학살된 곳이지만, 살라딘은 그들에게 잔인하게 보복하지 않았습니다. 그는 40일 안에 몸값을 내면 풀어 주겠다고 했습니다. 하지만 40일이 지나도록 몸값을 내지 못한 사람들이 수천 명이나 됐습니다.

살라딘
시리아 다마스쿠스에 있는 살라딘의 동상입니다.

시리아 화폐 속의 살라딘
십자군을 막아 낸 살라딘 장군의 모습이 그려진 시리아의 화폐입니다. 살라딘은 아랍 세계의 영웅이었습니다.

이를 안 살라딘의 아우 알아딜이 그 가운데 천 명을 자기에게 달라고 했습니다.

사실 알아딜은 그리스도교도들처럼 사람을 무참하게 죽여서는 안 된다고 생각했습니다. 그래서 알라 신께 드리는 감사의 의미로 그들을 해방시켜 주자고 형 살라딘에게 말했습니다.

살라딘은 아우에게 천 명을 주었고, 그들은 곧 자유의 몸이 되었습니다. 또 몸값을 치르지 못한 노인과 어린이도 풀어 줘서

살라딘의 성
이집트 카이로에 있는 살라딘의 성입니다. 살라딘은 십자군 전쟁의 기독교 포로들을 동원해 성을 쌓았다고 합니다.

자유의 몸이 되게 했습니다. 살라딘은 그처럼 너그럽고 위대한 정복자였습니다.

사자 왕 리처드와 영웅 살라딘의 우정

예루살렘 왕국이 이슬람군에 점령당하자, 제3차 십자군이 조직되었습니다. 영국의 리처드 왕, 프랑스의 필리프 왕, 독일의 프리드리히 왕 등 이번에는 당대의 내로라하는 국왕들이 모두 참여해서 전력이 막강했습니다. 예루살렘을 이슬람에게 다시 빼앗겼다는 소식은 유럽에 그만큼 큰 충격을 주었던 것입니다.

그 무렵 영국과 프랑스는, 프랑스 영토 안에 있는 영국의 영토인 노르망디 문제로 서로 다투고 있어 십자군의 출발이 늦어졌습니다. 그래서 독일의 프리드리히 왕이 단독으로 먼저 출발했습니다.

프리드리히 왕은 어려서부터 카를 대제가 이룩했던 것과 같은 강력한 새 로마 제국을 건설하는 것이 꿈이었습니다. 그러나 그는 뜻을 이루지 못한 채, 십자군 원정 길에서 소아시아의 강을 건너다 그만 실수로 물에 빠져 죽고 말았습니다.

이 소식을 들은 영국 왕 리처드는 애통해하며 원정 준비를 서둘렀습니다. 그는 1191년 100척의 배에 4,000명의 기사와 4,000명의 보병을 싣고 출발했습니다. 프랑스의 필리프 왕도 50척의 배에 군사를 태우고 함께 출발했습니다.

영국 왕 리처드는 사자처럼 용맹해 십자군 병사들 사이에서

사자 왕 리처드 1세의 동상
영국 리처드 1세는 불의를 보면 용서하지 않고 맹렬히 적에게 돌진해 사람들로부터 높은 인기를 얻었습니다.

인기가 높았습니다. 리처드 왕은 겉으로는 부드러워 보였지만 비겁한 짓이나 불의를 보면 용서하지 않고 사자처럼 무서웠습니다. 그래서 사람들은 그를 '사자 왕 리처드'라고 불렀습니다.

십자군은 지중해 동쪽으로 항해하다 큰 폭풍을 만났습니다. 필리프의 프랑스 함대는 다행히 무사하게 목적지인 시리아 해안에 닿았지만, 리처드가 이끈 영국의 대함대는 폭풍에 휩쓸려 키프로스 섬에 도착했습니다.

리처드 왕은 키프로스 섬에 머물며 군사를 정비한 뒤 다시 항해를 계속해서 그해 6월 시리아 해안의 아크레 항구에 도착했습니다. 그 무렵 아크레에서는 프랑스 군대가 이슬람 군대에 포위된 채 2년 동안 항전을 계속하고 있었습니다.

프랑스 군대는 영국의 사자 왕 리처드 군대가 왔다는 소식을 듣고 크게 사기가 올랐습니다. 리처드 왕의 용맹은 이미 널리 알려져 있었기 때문에 이슬람군도 은근히 겁을 먹었습니다.

리처드가 지휘하는 군대는 이슬람군을 몰아내고 아크레를 점령했습니다. 아크레를 점령한 후 프랑스군과 독일군은 귀국해 버렸습니다. 리처드 왕만 남아서 예루살렘 탈환에 나서게 된 것입니다.

1191년 가을, 그리스도교를 대표하는 영국의 사자 왕 리처드와 이슬람교를 대표하는 영웅 살라딘의 군대가 아르스프라는 곳에서 맞붙었습니다. 두 군대는 승패를 주고받으며 싸웠고, 리처드와 살라딘은 서로 상대가 뛰어난 장수임을 확인할 수 있었습니다.

당시 리처드 왕은 풍토병에 걸려 고생하고 있었습니다. 그 소식을 들은 살라딘은 걱정하는 편지와 함께 선물을 보냈습니다. 두 사람은 적이 되어 만났지만 서로 존경했고 예의를 갖추었습니다. 그러나 싸움이 끝난 것은 아니었습니다.

한편 영국에서 리처드의 동생인 존이 프랑스 왕 필리프와 짜고 영국의 왕위를 차지하려는 음모를 꾸미고 있다는 소식이 리처드 왕에게 전해졌습니다.

리처드 왕은 고민 끝에 살라딘에게 휴전을 제의했습니다.

두 나라의 왕은 만났고, 리처드 왕은 예루살렘을 살라딘의 영토로 인정하는 대신 순례자들이 자유롭게 예루살렘을 출입할 수 있게 해 달라고 말합니다. 물론 살라딘은 이 제안을 받아들입니다. 협상 과정에서 두 사람은 서로 마음이 통했고, 그래서 휴전이 아니라 우호 협정을 맺기로 합의했습니다. 이렇게 제3차 십자군 전쟁은 결국 예루살렘을 되찾지는 못하고, 자유로운 출입을 보장받는 것으로 막을 내렸습니다.

리처드 왕은 서둘러 귀국길에 올랐습니다. 그러나 지중해에서 또 폭풍을 만나 배가 난파했습니다. 리처드는 간신히 목숨을 건져 이탈리아 해안에 닿았습니다. 리처드는 신분을 속이고 귀국할 생각으로 순례자의 차림을 하고 오스트리아로 들어갔습니다.

하지만 당시 오스트리아의 왕은 리처드 왕을 미워하고 있었습니다. 결국 리처드 왕은 오스트리아 왕에게 납치를 당해 감옥

리처드 1세
사자 왕 리처드 1세의 모습입니다. 그는 좋은 정치로 많은 이들의 존경을 받았으며 프랑스 필리프 왕과의 전쟁에서 부상을 입어 죽고 맙니다.

에 갇히는 신세가 되었습니다. 그리고 오스트리아 왕은 리처드 왕의 몸값으로 영국 왕실에 많은 돈을 요구했습니다. 리처드 왕을 대신해 잠시 왕 노릇을 하고 있던 동생 존은 형의 불행을 오히려 기뻐하며 오스트리아 왕의 요구를 거절했습니다.

하지만 리처드 왕의 충성스러운 신하들이 돈을 모아 몸값을 치렀습니다. 사자 왕 리처드는 5년 만에 신하들과 함께 영국으로 돌아왔고 국민들은 그를 열렬히 환영했습니다. 결국 리처드 왕은 동생인 존을 몰아내고 다시 왕좌에 올랐습니다. 그 뒤 그는 좋은 정치를 펴 백성들로부터 많은 존경을 받았습니다.

리처드는 자신의 동생을 충동질해 왕위를 빼앗게 한 프랑스의 필리프 왕을 용서할 수 없었습니다. 또 십자군 원정 때도 크고 작은 다툼을 수없이 벌였던 탓에 앙금이 쌓여 있었습니다. 그는 프랑스로 건너가 필리프와 전쟁을 벌였습니다.

전쟁은 여러 해 계속되었습니다. 그는 마침내 프랑스를 함락시켰지만 큰 부상을 입었습니다. 그래서 며칠 뒤 그도 숨을 거두고 말았습니다. 유럽을 호령하던 사자 왕 리처드의 삶은 그렇게 막을 내렸습니다.

십자군 운동의 종말

십자군 원정은 그 뒤에도 계속되었습니다. 그러나 예루살렘의 탈환보다는 다른 목적으로 전쟁을 하거나, 무자비한 약탈과 살상을 일삼는 경우가 더 많았습니다. 그 대표적인 사례가 제4차 십자군 원정입니다.

제4차 원정은 그리스도교 국가인 비잔틴 제국의 콘스탄티노플을 공격해서 벌어진 전쟁입니다. 십자군은 베네치아 상인들의 충동질로 엉뚱하게 콘스탄티노플을 점령해서 동로마 제국을 일시적으로 멸망시킵니다. 그리고 콘스탄티노플은 철저하게 약탈당했습니다. 이 과정에서 가장 큰 이득을 본 것은 베네

콘스탄티노플을 공격하는 십자군의 모습
십자군의 콘스탄티노플 공격으로 인해 동로마 제국은 일시적으로 멸망하게 됩니다.

치아 상인들입니다. 그들은 경쟁자였던 동로마 제국의 상인들을 대신해 동방 무역의 주도권을 잡을 수 있게 되었습니다.

제5차 십자군은 이슬람의 근거지인 이집트를 공격했습니다. 그래서 나일 강 주변의 요새인 다미에타를 점령하지만, 나일 강의 범람으로 철수하고 맙니다.

1229년에 있었던 제6차 십자군은 독일 황제 프리드리히의 지휘로 협상을 통해 한때 예루살렘을 회복하는 데 성공합니다. 그러나 칭기즈 칸에게 쫓겨 온 튀르크인에게 곧 다시 빼앗기고 맙니다.

원정 길에 오른 십자군
십자군은 예루살렘을 탈환한다는 목적으로 시작했으나, 죄 없는 이들을 죽이고 약탈을 하기도 했습니다.

　마지막 두 차례인 제7차와 제8차 십자군은 프랑스의 루이 왕이 지휘했습니다. 그러나 그는 포로로 잡혀 많은 몸값을 주고 풀려나는 수모를 당합니다. 그리고 1291년 그리스도교도들의 마지막 보루였던 아크레가 함락되고 맙니다. 그래서 십자군 운동은 막을 내렸습니다.

　약 200년 동안 여덟 차례나 있었던 십자군 원정은 중세 유럽이 그리스도교 신앙으로 뭉쳐 있었다는 것을 보여 주는 전쟁입니다. 그러나 십자군 원정이 실패로 끝남으로써 교황의 권위는 크게 떨어졌습니다. 이와 함께 교회의 권위도 땅에 떨어졌습니다. 십자군에 참가한 사람들에게 함부로 면죄부(면벌부)를 주었기 때문입니다. 일반 신도들은 이제 더 이상 신이나 성직자를 절대적인 존재로 생각하지 않았습니다.

또 많은 제후와 기사들은 십자군 참가를 위해 오랜 기간 집을 떠나 있었기 때문에 자신들의 영지를 제대로 돌볼 수 없었습니다. 그래서 수입이 줄고, 더욱이나 전쟁 참가 비용을 마련하기 위해 재산을 처분해야 하는 사람도 많았습니다.

반대로 세력이 크게 강해진 사람들도 있었습니다. 교황에게 힘을 내주었던 국왕과 상업에 종사한 도시의 시민들입니다. 특히 영국과 프랑스의 왕권은 눈에 띄게 강화되었습니다.

십자군 원정으로 크게 번창한 도시도 있습니다. 십자군의 출발지였던 이탈리아의 항구 도시 베네치아와 제노바입니다. 십자군이 그 두 항구에서 배를 타고 시리아 해안으로 향했기 때문에 그곳 상인들은 많은 돈을 벌었습니다. 그뿐만 아니라 상인들이 아라비아인들과 손을 잡고 동방 무역에 참여하면서 그 세력이 더욱 커졌습니다.

그러나 무엇보다도 큰 변화는 봉건 시대의 꽃이었던 기사들의 세력이 약해지면서 중세를 떠받치고 있던 봉건 제도의 기반이 붕괴되어 중세 유럽은 몰락의 길을 걷게 되었다는 점입니다.

십자군의 전투
아랍인들과 십자군이 뒤엉켜 싸우는 모습을 그린 그림입니다. 기사들이 탄 말 아래에 나뒹구는 사람들의 머리가 전쟁의 끔찍함을 보여 줍니다.

십자군 전쟁의 영향

십자군 전쟁은 서유럽의 정치, 경제, 문화, 각 분야에 큰 영향을 미쳤습니다. 그리고 그것은 봉건 사회 몰락의 결정적인 원인이 되었습니다.

먼저 정치 분야에서는 원정의 실패로 로마 교황의 권위가 땅에 떨어지고, 원정에 참가했던 제후와 기사들이 몰락했습니다. 그러나 원정을 구실로 많은 세금을 거둬들인 국왕은 권력이 강

베네치아
중세 시대 동방 무역의 중심지 베네치아의 모습입니다. 베네치아, 제노바, 피사 등 이탈리아의 항구 도시가 아시아 지역과 교류하면서 동방 무역이 활발해지기 시작했습니다.

화되어 중앙 집권 국가 수립의 디딤돌을 마련할 수 있었습니다.

경제적으로는 동방 무역이 활발해지면서 화폐 경제와 도시가 발달하고, 봉건 제도의 뿌리인 장원 제도가 흔들리게 되었습니다.

문화적으로는 비잔틴과 이슬람 세계의 영향으로 서유럽 문화가 다양해지면서, 뒷날 르네상스를 맞는 토대가 마련됩니다.

무너지는 중세 유럽 세계

십자군 전쟁과 유럽 전역을 휩쓴 흑사병으로 인해 중세 유럽은 커다란 위기를 맞게 됩니다. 전쟁과 질병으로 인해 중세 유럽을 지탱하고 있던 봉건 제도 역시 더 이상 유지되기 힘든 상황에 이른 것입니다. 봉건 제도가 무너지면서 농민들은 농사를 포기하고 도시로 몰리게 되어 상업이 발달하게 됩니다. 영주의 지배를 받던 농민들은 이제 왕의 지배를 받게 되고, 유럽은 근대 국가의 길로 들어서게 됩니다.

무너지는 중세 유럽 세계

흑사병의 공포

중세가 끝나 가던 14세기 중엽, 유럽에서는 흑사병이 크게 유행했습니다. 흑사병은 쥐와 벼룩이 옮기는 전염병으로, 이 병에 걸리면 심하게 열이 나고 피부에 검은 반점이 생깁니다. 그리고 2, 3일 뒤에는 정신을 잃고 고함을 지르다 온몸이 까맣게 되어 죽는다고 해서 '흑사병'이라 했습니다.

흑사병은 영양 상태가 좋지 않았던 당시 유럽 사람들에게 빠르게 전염되었고, 사람들은 공포에 사로잡혔습니다. 그러나 지금과 같은 약이 없

흑사병을 기억하기 위한 동판
영국 웨이머스 지역에 있는 흑사병 기억 동판입니다. 나라 인구의 30~50퍼센트가 흑사병으로 죽었다고 적혀 있습니다.

흑사병의 전파

전 유럽에 흑사병이 퍼져 나가는 모습입니다. 14세기 유럽에서는 흑사병으로 인해 약 1억 명이 죽었다고 알려져 있습니다.

었으므로 환자가 생기면 그 집에 못질을 하고 불을 질러 버리는 일이 고작이었습니다.

    흑사병이 언제 어디서 발생했는지 정확히 알 수는 없었습니다. 다만 14세기 이전에는 유럽에서 이런 전염병이 발생한 일이 없었으므로, 사람들은 아시아나 이집트 등지에서 유럽으로 들어온 것이라고 생각했습니다. 그러나 오늘날에 이르러, 1346년경 크림 반도 남부 흑해에서 발생해, 흑해를 거쳐 지중해 항로를 따라 1348년 무렵 온 이탈리아에 퍼졌다는 사실이 밝혀졌습니다.

흑사병의 공포
14세기 당시 흑사병에 대한 사람들의 두려움을 나타낸 그림입니다.

흑사병은 14세기 말이 되어서야 서서히 사라졌습니다. 그러나 이 병으로 유럽 인구의 3분의 1이 죽었고, 흑사병이 휩쓸고 간 유럽에서는 노동력이 귀해졌습니다. 그래서 농노의 신분이 향상되는 등 큰 사회적 변화를 몰고 와 중세 유럽이 몰락하는 결정적인 원인이 되었습니다.

영국과 프랑스를 근대 국가로 이끈 백년 전쟁

봉건 사회에서는 교황과 봉건 영주가 자신의 영토를 왕의 간섭 없이 직접 다스렸습니다. 그것은 왕의 힘이 약했기 때문입니다.

중앙 집권제는 왕이 직접 신하들을 파견하거나, 관료를 뽑아 전 국토를 스스로 관리하고 다스리는 제도입니다. 그와 같은 권한을 행사하기 위해서는 군사력의 뒷받침과 관료를 관리할 수 있는 재정적인 뒷받침이 있어야 합니다.

13세기 말이 되자 십자군 전쟁과 도시의 발달 등으로 교황과 봉건 영주의 세력이 약해졌습니다. 국왕은 그 기회를 틈타 상업과 공업에 종사하는 시민층의 재정적 지원을 받아 상비군과 관료 제도를 정비해서 중앙 집권 체제를 확립하고자 했습니다. 상

비군은 전쟁 때뿐만 아니라 평상시에도 유지되는 군대를 뜻합니다. 관료 제도는 국가의 정치적인 일이나 행정적인 일을 담당할 관리를 직업으로 만들어 그 관리들이 나랏일을 하게 하는 제도입니다. 이 두 제도는 왕에게 권한을 집중시키기 위해 꼭 필요한 제도였습니다.

> **중앙 집권**
>
> 국가 운영의 권한을 중앙에 집중시키고 중앙 정부가 지방에 대해 강력한 지휘, 명령, 통제권을 가지는 통치 형태입니다. 이러한 중앙 집권의 장점으로는 국가가 유사시에 빠르고 신속하게 어떤 결정을 내릴 수 있으며 또한 국가가 내린 결정을 전국적으로 강력하고도 신속하게 집행하는 점이 가능하다는 것입니다.

귀족들은 이에 맞서 의회를 만들어 왕을 견제하고자 했습니다. 하지만 국왕은 오히려 각 신분의 대표들을 모아 놓은 의회를 통해 필요한 돈을 세금으로 걷어 더욱 자신의 권한을 강화했습니다. 이러한 시대적 상황에 힘입어 15세기 말부터 서유럽 여러 지역에서 중앙 집권적인 국가가 탄생했습니다.

영국은 8세기 말에 북유럽의 바이킹족이 침입해 잉글랜드 동북부 지역을 점령하였습니다. 911년에는 바이킹족의 일부가 오늘날의 프랑스 북부에 노르망디 공국을 세우고 지배력을 넓혀 나갔는데, 그들을 가리켜 노르만인이라고 합니다. 1066년 노르망디 공국의 통치자인 윌리엄이 잉글랜드를 정복하고 왕위에 올라 노르만 왕조의 제1대 왕이 되었습니다. 윌리엄 1세는 노르만에서 데려온 기사들을 중심으로 강력한 행정적·군사적 체제를 갖추고 잉글랜드를 지배했습니다. 왕권은 점차 강화되었습니다. 그러나 13세기에 이르러 존 왕이 프랑스와의 전쟁으로 많은 영토를 잃었고, 교황과 충돌하여 파문을 당하기도 했습니다. 또한 존 왕은 과도한 세금을 걷어 귀족과 시민의 저항에 부딪혀 나라 안팎으로 신임을 크게 잃습니다. 결국 1215년 존 왕은 귀족이 중심이 되어 작성한 대헌장에 서명해야 했습니다. 대헌장에는 교회와 귀족, 시민의 권리와 자유 등을 보장하고 국왕도 법을 지켜야 한다는 내용이 담겨 있습니다. 또한 무슨 일이든 국왕의 마음대로 하는 것이 아니라 귀족의 회의를 통해 허락을 받아야 한다는 내용이었습니다. 그때 귀족으로 구성된 회의가 오늘날의 의회의 시작이 되었고 대헌장의 내용은 오늘날 영국 헌법 체계의 출발이 되었습니다.

대헌장을 만드는 등의 노력이 있었음에도 불구하고 1282년에는 에드워드 1세기 웨일스를 정복함으로써 왕권을 더욱 확대했습니다. 에드워드 1세는 프랑스와의 전쟁에 대비한 자금 확보를 목적으로 의회를 소집했고, 14세기 후반에 이르러 의회는 상원과 하원으로 나뉘어 영국 양원제 의회 제도의 기초가 마련되었습니다. 이런 과정을 통해 지방 영주가 세력을 갖던 이전까지와는 다르게 국왕과 의회, 관리, 상비군이라는 조직이 만들어져 영주의 힘이 국왕에게로 집중되는 중앙 집권이 가능해지기 시작했습니다.

프랑스는 영국보다 먼저 왕권이 강화되었습니다. 사실 처음의 프랑스는 국내 대부분의 영토를 영국이 지배하고 있었기 때문에 왕권이 매우 약했었습니다. 그러나 12세기 말 필리프 2세

왕의 권한을 제한하기 위한 대헌장(마그나카르타)
흔히 '마그나카르타'라고 불리는 대헌장에 왕이 서명을 하면서 왕은 자기 마음대로 권력을 휘두르지 못하게 됩니다. 대헌장은 왕의 절대적인 권한을 견제하려 했던 상징적인 법안이 되었습니다.

가 영국의 지배를 받고 있는 프랑스 안의 영토를 대부분 회복하고, 도시의 자치권을 인정하여 시민의 지지를 얻으면서 왕권의 기초를 다졌습니다.

또 필리프 4세 때는 모직물 공업 지대인 플랑드르 지방에 진출하여 경제적 기반을 마련했습니다. 그뿐만 아니라 성직자에 대한 과세 문제로 빚어진 교황과의 대결에서 승리해 교회를 국가의 감독 아래 두게 되었습니다.

이 과정에서 필리프 4세는 군대와 군대를 유지하기 위한 돈이 필요했고 영국처럼 의회를 만들어 필요한 것들을 얻고자 했

필리프 2세
필리프 2세는 영국의 지배를 받던 프랑스의 권리와 영토를 회복하고 왕권을 강화시켰습니다.

상공 시민층

이들은 상비군과 관료제 유지에 필요한 자금을 지원하는 대가로 국왕으로부터 상권을 보호받았습니다. 이들의 입장에서는 자유롭고 안정적인 경제 활동을 위해서는 지역 단위의 봉건 체제보다는 통일된 국가의 확립이 더 유리했습니다.

습니다. 그래서 성직자, 귀족, 평민 대표로 구성된 삼부회를 만들었습니다. 삼부회 초기에는 왕권을 제한하기도 했지만, 후기에는 오히려 왕을 도와 왕이 제안한 사항에 모두 동의하는 역할만을 수행했습니다. 그 결과 왕권은 더욱 강화되었고 중앙 집권 국가를 만들어 나갈 수 있었습니다.

그러나 영국과 프랑스가 중앙 집권적 국가로 발전하는 데 가장 중요한 역할을 한 것은 백년 전쟁입니다. 1337년에 시작되어 1453년에 끝난 백년 전쟁은 중세 유럽에서 일어난 가장 큰 사건 중 하나입니다. 이름은 '백년 전쟁'이지만 전쟁이 100년 동안 계속된 것은 아니고 정치 상황에 따라 휴전과 전투를 반복했습니다.

영국은 프랑스에 많은 땅을 가지고 있어서 프랑스 문제에 자주 끼어들었습니다. 하지만 사실은 플랑드르 지방에서 생산되는 질 좋은 모직물과 보르도 지방의 포도주에 대한 경제적 이익이 백년 전쟁을 일으킨 실질적인 이유입니다. 전쟁은 줄곧 영국에 유리했고, 전쟁터가 되어 버린 프랑스는 영국

삼부회
삼부회는 귀족과 가톨릭 고위 성직자, 평민의 대표들이 모여 중요한 의제에 관해 토론하는 장으로 중세부터 근세에 이르기까지 존재했던 프랑스의 신분제 의회입니다.

군들의 약탈에 시달려야 했습니다. 그러던 어느 날, 프랑스에 잔 다르크가 등장하면서 사정은 달라졌습니다. 잔 다르크는 조국인 프랑스를 구하라는 신의 계시를 받고 전투에 뛰어들었는데, 싸울 때마다 승리를 안겨 주었습니다. 그 결과 사기가 높아진 프랑스는 전쟁을 승리로 끝낼 수 있었습니다. 이후 백년 전쟁은 프랑스에 큰 변화를 가져왔습니다. 전쟁 준비를 해야 했던 프랑스의 왕은 많은 세금을 걷을 수 있는 권리를 얻었고, 강력한 군대를 만들 수 있었습니다. 또 국토가 통일되면서 중앙 집권 국가로 성장하는 기반이 만들어졌습니다.

백년 전쟁의 시작

백년 전쟁은 프랑스의 왕위 계승권 문제로 시작됐습니다. 그 무렵 영국 왕은 에드워드 3세였습니다. 그런데 프랑스 카페 왕조의 마지막 왕인 샤를 4세가 아들이 없어, 그가 죽은 뒤 프랑스는 샤를 4세의 사촌 형제인 발루아 백작을 추대하여 왕위를 잇게 했습니다. 그가 바로 필리프 6세입니다.

이 사실을 안 영국의 에드워드 3세는, 자기 어머니 이사벨라가 프랑스 왕 샤를 4세의 딸이므로 혈연 관계로 보아 자신이 필리프 6세보다 더 가깝다며 프랑스 왕위 계승권을 주장했습니다. 그 주장의 내면에는 단순한 정치적 문제만이 아닌 경제적 이유도 있었습니다. 바로 플랑드르 지방을 차지하기 위해서였습니다.

플랑드르 지방의 문장
플랑드르 지방을 둘러싼 영국과 프랑스의 갈등으로 인해 백년 전쟁이 시작됩니다.

당시 영국에서 가장 주요한 산업 중 하나가 양모 산업이었으며, 그 원료가 되는 양모를 수입하는 곳이 프랑스의 플랑드르 지방이었습니다. 사실 영국은 단순히 플랑드르 지방만 손에 넣길 원한 게 아니었습니다. 영국은 프랑스의 또 다른 주요 산업 지방인 보르도도 원했습니다. 하지만 이 두 지역은 프랑스에게도 막대한 경제적 이익을 가져다주는 곳이기 때문에 프랑스 또한 이 지역을 포기할 수 없었습니다.

플랑드르의 중심지, 브루게 시의 현재 모습
백년 전쟁의 원인이 되었던 플랑드르 지역은 현재 벨기에의 북부 지역으로 낙농업이 유명합니다.

　한편 플랑드르 지역의 모직물 산업에 종사하는 프랑스 사람들은 경제적 이유로 인해 자신들의 조국인 프랑스보다는 영국에 더 우호적인 입장이었습니다. 플랑드르 지방 사람들을 영국과 교역할 때 많은 세금을 프랑스에 내야 했을 뿐만 아니라 관리들이 관리 감독을 한답시고 사사건건 간섭을 했기 때문입니다. 플랑드르 사람들은 만약 자기 지역을 영국이 차지한다면 프랑스의 간섭 없이 자유롭게 교역을 하면서 막대한 세금까지 안 내도 될 거라 생각했습니다. 그래서 영국에 우호적인 입장이었던 것입니다.

　게다가 프랑스의 귀족 세력들 사이에서도 분열이 일어났습

부르고뉴 공과 공국

중세 프랑스의 동부 지역이자 지금의 부르고뉴 지방에 해당하는 부르고뉴 공국의 통치자를 '부르고뉴 공'이라 불렀습니다. 공국은 독립적인 지방 왕국을 뜻하기도 하고, 역사적으로 왕보다 낮은 작위를 가진 군주가 다스리는 군주국을 말하기도 합니다. 강력한 왕권을 바탕으로 중앙 집권적인 국가 형태를 갖추기 전에는 역사적으로 군주가 다스리는 여러 독립된 공국이 존재했습니다.

니다. 부르고뉴 공을 중심으로 영국의 후원을 받고 있었던 부르고뉴파와 샤를 왕을 지지하는 아르마냐크파가 서로 권력을 차지하기 위해 정치적 다툼을 벌였던 것입니다. 그 결과, 막상 백년 전쟁이 벌어지자 부르고뉴파는 영국군과 협력하여 프랑스 군대와 맞서 싸웠습니다. 이런 당시의 여러 가지 상황들 때문에 백년 전쟁은 단연 영국에 유리한 싸움이었습니다.

두 나라의 군사가 처음 맞붙은 곳은 프랑스 북쪽 해안에 있는 크레시라는 한 작은 마을입니다. 영국군이 도버 해협을 건너 이곳에 상륙한 것입니다. 하지만 영국 병사들은 대부분 평민 출신의 보병들이었으며 숫자도 그리 많지 않았습니다. 이에 맞선 프랑스의 병사들은 말을 탄 기사들로, 8세기의 카롤루스 대제 때부터 자랑으로 여겨 왔던 군사들이었습니다. 그들은 육중한 투구를 쓰고, 멋진 갑옷으로 몸을 감싸고 있었습니다.

프랑스군의 기사들은 초라한 영국군 보병들을 깔보면서 자만심에 잔뜩 들떴습니다. 그러나 영국군에게는 굉장한 소리를 내며 터지는 신무기 대포가 있었습니다. 또 커다란 화살을 쏠 수 있는 강한 활도 영국군의 중요 무기였습니다. 대포라는 무기

중세 시대의 대포
커다란 소리를 내며 수많은 이들에게 피해를 입힐 수 있는 대포의 등장으로 전쟁의 모습이 크게 변하기 시작했습니다.

를 처음 보는 프랑스의 기사들은 소리만으로도 크게 놀라며 두려움을 느꼈습니다.

기사들보다 더 문제가 된 것은 말이었습니다. 말들은 대포

무너지는 중세 유럽 세계 183

소리에 놀라서 날뛰었고, 그 바람에 기사들은 말에서 떨어졌습니다. 게다가 무거운 갑옷 때문에 얼른 일어나지도 못한 채 어쩔 줄 몰라 하다 영국군 화살의 표적이 되었습니다.

영국은 큰 승리를 거두었습니다. 프랑스군은 2만 5000명이 전사하거나 바다에 뛰어들었고, 영국군은 단 네 명의 전사자를 냈을 뿐입니다.

영국군은 이 승리의 기세를 몰아 다음 해에 칼레를 함락시켰

오를레앙 전투
백년 전쟁에서 유명한 전투로 대포와 활을 든 영국군이 오를레앙에 있는 프랑스군을 공격하는 모습입니다.

습니다. 그리고 1356년 푸아티에에서 다시 전투가 벌어지기까지 20년 가까이 더 이상 충돌은 일어나지 않았습니다. 두 나라 모두 농민들이 큰 어려움을 겪고 있었기 때문에 더 이상 싸움을 계속하기 어려웠던 것입니다.

농민들은 전쟁 비용을 대기 위해 엄청난 세금을 내야 했고, 적국 병사들의 방화와 약탈로 큰 피해를 입었습니다. 거기에 흑사병까지 겹쳤던 것입니다.

흑태자 에드워드의 활약

1356년, 전투가 다시 시작됐습니다. 그 무렵 프랑스에서는 필리프 6세가 죽고, 장 2세가 왕위에 올랐습니다. 그러나 장 2세는 정치에 능숙하지 못해 귀족들과 다툼이 잦았고, 그렇지 않아도 군사적으로 영국에 뒤지고 있던 프랑스는 군사력이 더 약해졌습니다. 그 기회를 틈타 영국의 에드워드 3세는 군대를 이끌고 프랑스를 침공한 것입니다.

한편 남프랑스에 있는 영국 영토에 있던 에드워드 3세의 아들 흑태자 에드워드도 아버지의 명령을 받고 북쪽으로 진격하기 시작했습니다.

흑태자는 중세 기사의 대표적인 인물로 무술에 뛰어나고 용맹스러워서 많은 전투에서 눈부신 활약을 했습니다. 그는 예의도 바르고 용모도 당당했으며, 전투에 임할 때에는 항상 검은 갑옷을 입고 출전했습니다. 그의 모습은 프랑스군을 벌벌 떨게 했으며, 겁먹은 프랑스군은 그에게 '흑태자'라는 별명까지 붙였습니다.

에드워드 3세의 영국군은 전투를 시작하기도 전에 스코틀랜드에서 반란이 일어나 고국으로 돌아가야 했습니다. 그 소식을 들은 장 2세는 남쪽에 있는 흑태자의 군대를 공격하기로 했습니다. 그러나 흑태자의 군대는 그런 사실을 전혀 모른 채 계속 진군하다 루아르 강에 이르러서야 프랑스군이 가까이에 있다는 것을 알았습니다. 흑태자는 서둘러 군대를 남쪽으로 돌렸지만, 모배루주라는 작은 마을에서 장 2세의 대군과 맞닥뜨립니다.

그때 그곳의 한 성직자가 흑태자에게 휴전을 권했습니다. 영국의 군대는 겨우 7000이었고 프랑스군은 그 세 배에 가까운 2만 대군이었으니 흑태자는 이 싸움에서 별로 승산이 없다고 판단했습니다. 결국 흑태자는 그 성직자의 말이 옳다고 생각해서 그동안 영국이 빼앗은 모든 것을 돌려주겠다

흑태자 에드워드
에드워드는 항상 검은 옷을 입고 다녀서 '흑태자'라는 별명을 얻었습니다. 그는 불리한 상황에도 굴하지 않고 끝까지 프랑스에 맞서 싸웠습니다.

루아르 강
흑태자 에드워드의 군대는 프랑스 남부에 있는 루아르 강에 이르러 프랑스군의 낌새를 알게 되었습니다. 불리한 상황에서도 흑태자 에드워드는 결국 프랑스군을 물리칩니다.

 는 조건으로 휴전을 제안했습니다. 그러나 프랑스의 장 2세는 흑태자를 포함한 그의 모든 신하들이 포로가 되어야 한다는 조건을 내세웠습니다. 그것은 영국군의 완전한 항복을 의미하는 것이었습니다.

 흑태자는 그런 치욕을 당하느니 차라리 목숨을 걸고 싸울 것을 결심했습니다. 그의 병사들도 흑태자와 뜻을 같이했습니다.

 영국군은 공격을 시작했습니다. 영국군의 화살이 날아가고, 프랑스군 기사들이 여기저기서 쓰러졌습니다. 자신만만하던 프랑스군은 당황해서 전열이 흐트러졌습니다. 흑태자는 기회를 놓치지 않고, 군사를 이끌고 프랑스군을 향해 돌격했습니다. 허를 찔린 프랑스군은 허둥지둥 도망치기 바빴고, 결국 장 2세는 영국군의 포로가 되었습니다. 전날 흑태자에게 포로가 되기를 요구했던 프랑스 왕이 도리어 포로가 된 것입니다. 장 2세뿐 아니라, 프랑스의 많은 귀족들도 포로가 됐습니다.

흑태자는 그날 밤 승리를 축하하는 연회를 열었습니다. 그 자리에는 장 2세도 초대했습니다. 그리고 황제에 대한 예우를 깍듯이 갖추어 대했습니다. 장 2세는 그런 흑태자의 기사다운 태도에 감탄했습니다. 흑태자는 '싸움에서 이기고 지는 것은 한때의 운명에 달린 것이므로 졌다고 비굴할 것도, 이겼다고 교만

푸아티에 전투
흑태자 에드워드가 이끄는 영국군은 이 전투에서 장 2세의 프랑스군을 물리칩니다. 그리고 장 2세는 결국 영국에 포로로 잡혀가게 됩니다.

할 것도 없다.'고 말했고, 장 2세는 힘이 좀 강하다고 흑태자에게 포로가 되라고 요구했던 자신을 부끄러워했습니다.

다음 해 봄, 흑태자는 빼앗은 재물들과 함께 포로로 잡은 프랑스 왕과 신하들을 데리고 영국으로 돌아왔습니다. 프랑스 왕 장 2세는 비록 포로였지만, 장식이 화려한 백마를 탄 위엄 있는 모습이었고 흑태자는 검은 말을 타고 그 옆을 따랐습니다.

흑태자의 그러한 행동은 예의를 중요하게 여기며, 강한 자를 꺾고 약한 자를 도와주는 당시 기사도 정신의 좋은 본보기였습니다. 흑태자 일행은 백성들의 열렬한 환영을 받았

장 2세
프랑스의 왕이었던 그는 영국에 포로로 잡혀갔지만, 국민들에게 부담을 줄 수 없다는 이유로 프랑스에 돌아가는 것을 거부했습니다.

습니다. 흑태자의 아버지인 에드워드 3세는 그에게 영국 최고의 훈장인 '가터 훈장'을 수여했습니다.

1360년 흑태자 에드워드와 장 2세는 브레티니에서 전쟁을 끝내기로 하고, 프랑스는 포로에 대한 몸값을 내고, 아키텐 지방도 내놓기로 했습니다. 두 나라의 전쟁은 그것으로 끝난 것처럼 보였습니다.

장 2세는 세 명의 왕자와 귀족들을 인질로 놔두고, 몸값을 구하기 위해 프랑스로 돌아갔습니다. 그러나 프랑스에서는 전쟁에 진 뒤 폭동과 반란이 일어나 몸값을 구하기가 쉽지 않았습니

가터 훈장
가터 훈장은 1348년에 에드워드 3세에 의해서 창시된 영국의 최고 훈장입니다. 훈장에는 '악을 생각하는 자에게 수치를' 이라는 격언이 적혀 있습니다.

다. 그러던 중 프랑스에 남아 있던 인질들이 약속을 어기고 영국을 탈출해서 파리로 도망쳐 왔습니다. 기사도를 중히 여기던 장 2세는 이러한 상황을 부끄러워하며 스스로 다시 영국으로 건너가 포로가 되었습니다. 그리고 그는 1364년 끝내 런던에서 세상을 떴습니다.

장 2세의 뒤를 이어 샤를 5세가 프랑스 왕의 자리에 올랐습니다. 그리고 그의 신하 게스클랭이 영국군에 빼앗겼던 영토의 대부분을 되찾았습니다. 또 모든 반란과 폭동도 진압하면서 나라 질서를 어느 정도 바로잡았습니다.

한편 영국에서는 1376년 흑태자도 죽고, 이듬해 에드워드 3세마저 죽어, 리처드 3세가 열 살의 어린 나이로 왕위에 올랐습니다. 이 와중에도 프랑스와의 전쟁은 계속되었고, 북쪽에서는 스코틀랜드인들의 침입까지 잦아지면서 영국은 이중의 어려움을 겪었습니다.

혼란스럽고 어렵기는 프랑스도 마찬가지였습니다. 프랑스에서는 1380년에 샤를 5세가 죽고 열두 살이던 샤를 6세가 왕이 되었습니다. 그리고 세금과 군대 문제 등으로 농민들이 큰 어려움을 겪게 되자 자크리의 난 같은 농민 반란이 끊이지 않았습니다. 아버지가 싸움터에서 죽으면, 그 아들들이 자라서 싸움터로 나갔고, 그들이 죽으면 또 손자들이 나가 싸워야 하는 형편이었습니다.

프랑스는 계속 패배했습니다. 이제 영국군에 항복하지 않으면 안 될 상황이었습니다. 그런데 바로 그때 구원의 여신처럼 잔 다르크가 나타났습니다.

샤를 5세
샤를 5세의 동상입니다. 백년 전쟁이라는 어려운 시기임에도 샤를 5세는 학문과 예술을 보호하고 건축을 하는 등 프랑스의 번영과 발전에 이바지한 현명한 왕으로 꼽히고 있습니다.

백년 전쟁의 꽃, 잔 다르크

잔 다르크가 태어난 것은 1412년입니다. 그녀는 프랑스 동부에 있는 동레미라는 작은 마을에서 농부의 딸로 태어났습니다. 그녀의 집안은 독실한 그리스도교 가정이었습니다.

1429년의 어느 날, 열일곱 살의 소녀 잔 다르크는 '프랑스를 구하라'는 신의 음성을 듣고 고향을 떠나, 루아르 강 주변의 시농 성에 머물고 있는 샤를 황태자를 찾아갔습니다. 샤를 황태자는 훗날 샤를 7세가 된 인물입니다.

당시 프랑스의 북부 지역은 영국군과 영국에 협력하는 부르고뉴가 점령하고 있었습니다. 게다가 프랑스의 왕위 또한 1420년의 트루아 조약에 따라 샤를 6세가 죽은 뒤에는 영국 왕 헨리 5세가, 그가 죽은 뒤에는 그의 아들 헨리 6세가 이어받도록 되어 있었습니다. 샤를 황태자는 이미 왕위 승계권에서 완전히 제외되어 있었습니다.

잔 다르크는 샤를을 만나 그를 설득한 뒤, 그가 내주는 군사를 이끌고 오를레앙으로 향했습니다. 오를레앙은 영국군에 포위당한 채 저항을 계속하고 있었습니다. 그녀는 선두에 서서 프랑스군을 이끌며 영국군을 무찔렀습니다. 결국 오를레앙을 해방시키고, 계속해서 각지에서 영국군을 격파했습니다. 신의 계시를 받아 흰 갑주에 흰 옷을 입고 앞장서서 프랑스군을 지휘하는 잔 다르크의 모습에 프랑스군의 사기는 하늘을 찔렀고, 그럴

수록 영국군의 사기는 떨어졌습니다.

결국 프랑스와 영국군의 전세는 역전되었고 잔 다르크의 프랑스군은 역대 왕들의 즉위식이 치러지던 랭스까지 진격했습니다. 잔 다르크는 그곳 성당에서 샤를 7세를 왕으로 추대해 대관식을 거행하게 했습니다. 샤를 7세는 잔 다르크 덕에 프랑스 왕이 되었지만 오히려 프랑스에서 자신보다 잔 다르크가 더 인기가 있자 그녀를 질투했습니다. 샤를 7세를 지지하던 귀족들도 잔 다르크의 치솟는 인기를 시기하기는 마찬가지였습니다. 그러나 잔 다르크는 여전히 왕과 프랑스에 충성을 다했습니다.

샤를 7세는 파리를 점령해 영국군을 완전히 몰아내자는 잔 다르크의 주장을 무시하며 1년을 보내다 결국 전열을 가다듬은 영국군의 재공격을 받게 되었습니다. 하지만 잔 다르크는 다시 한번 왕과 프랑스를 위해 전투에 나섭니다.

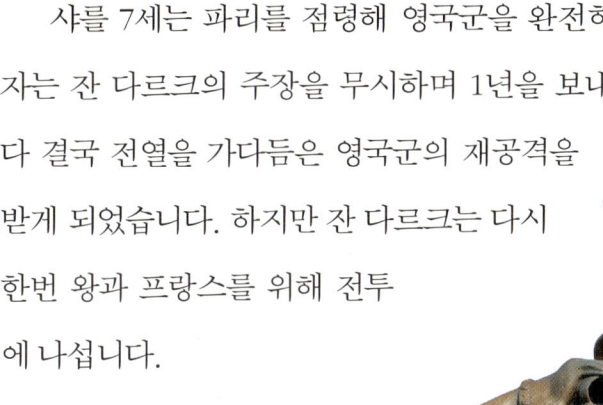

잔 다르크의 동상
잔 다르크는 '프랑스를 구하라.' 는 신의 음성을 듣고 백년 전쟁에 참전하여 프랑스의 군사들과 함께 여러 전투에서 승리를 거둡니다. 가톨릭 교회에서는 그녀를 성녀로 추대했습니다.

잔 다르크를 기념하는 오를레앙 시민들
오를레앙을 영국군으로부터 해방시켜 준 잔 다르크를 기념하는 모습입니다. 현재도 오를레앙에는 잔 다르크의 동상이 남아 있습니다.

결국 1430년 5월, 잔 다르크는 콩피에뉴 전투에서 영국과 동맹한 부르고뉴 군사들에게 사로잡혔습니다. 그리고 영국군에 넘겨졌습니다. 영국은 샤를 7세에게 엄청난 몸값을 지불하면 풀어 주겠다고 했지만 샤를 7세는 응답하지 않았습니다.

잔 다르크는 1431년 영국과 부르고뉴의 주도 아래 이루어진 재판에서 마녀로 낙인찍혀 화형을 당했습니다. 위기에서 프랑스를 구한 열아홉 살의 용감한 처녀 잔 다르크는 그렇게 삶을 마쳤습니다. 그녀의 유해는 센 강에 뿌려졌습니다.

1456년 샤를 7세는 잔 다르크에 대한 유죄 판결을 파기하고 명예를 회복시켰습니다. 또 가톨릭 교회에서는 1920년에 그녀를 성녀로 추대했습니다. 그녀는 오늘날까지도 나라를 구한 영웅으로 프랑스 국민들로부터 많은 사랑과 존경을 받고 있습니다.

샤를 7세 조각상
오를레앙에서 영국군의 포위를 뚫고 1422년 프랑스의 왕이 된 샤를 7세의 조각상입니다. 그는 영국과의 평화 협정으로 백년 전쟁을 종식시킵니다.

그 뒤 프랑스의 샤를 7세는 부르고뉴와 화해한 뒤 함께 힘을 합쳐 영국군과 싸웠습니다. 프랑스군은 1450년 노르망디에서 큰 승리를 거두었고, 1452년 마침내 영국군을 프랑스 땅에서 완전히 몰아냈습니다.

오랫동안 이어졌던 백년 전쟁은 그렇게 끝이 났습니다.

백년 전쟁은 중세 봉건 사회의 마지막 전쟁으로, 중세 봉건 사회에 매우 커다란 영향을 미쳤습니다. 연속해서 일어난 십자군 전쟁과 백년 전쟁으로 인해 프랑스 안에 있던 영국 영토가 정리되었고, 전쟁 과정에서 영국과 프랑스 모두 영주와 기사 계급이 몰락했습니다. 결국 봉건 사회도 빠

대관식
유럽에서, 왕이 즉위한 뒤 처음으로 왕관을 써서 왕위에 올랐음을 일반에게 널리 알리는 의식입니다.

르게 붕괴되었으며, 중앙 집권화가 촉진되어 왕의 세력이 강화되었습니다.

백년 전쟁은 이처럼 영국과 프랑스가 중앙 집권적인 국가로 발전하는 데 결정적인 역할을 했습니다. 또 통일 왕국을 건설한 두 나라는 다른 나라들보다 앞서 해외 팽창의 길에 나설 수 있게 되었고, 근대로 향한 문이 활짝 열리게 되었습니다.

잔 다르크의 동상
오를레앙에 있는 잔 다르크의 동상입니다. 그녀는 오를레앙을 포위한 영국군을 몰아내며 백년 전쟁에서 크게 활약했습니다.

농민 반란과 무너진 봉건 제도

장원 제도는 중세 봉건 사회를 지탱한 버팀목이었습니다. 농민은 영주의 땅에서 농사를 짓고, 그 대가로 영주를 위해 일을 해 주는 것이 장원 제도입니다. 그런데 서유럽에서 상공업이 발달하고, 화폐가 사용되기 시작하면서 장원 제도는 그 기반이 흔들리기 시작했습니다.

화폐 경제의 발전으로 농민은 영주에게 땅값의 대가로 제공하던 강제 노동을 돈으로 갚을 수 있게 되었습니다. 따라서 농노들은 화폐로 대가를 지불한 뒤 더 많이 노력해서 재산을 축적해 나갔습니다. 또 영주의 간섭이나 감시로부터도 자유로울 수 있었습니다. 그뿐만 아니라 농노들은 사치와 향락에 쓸 돈이 필요한 영주에게 해방금을 내고 농노에서 벗어나기도 했습니다.

그러한 변화는 영주와 농노의 주종 관계를 토지를 매개로 한 계약 관계로 변하게 만들었습니다. 거기에다 흑사병으로 농노는 부족해지고 토지가 남아돌게 되자 농사를 짓는 농민은 더 귀해졌습니다.

러시아 농노들의 고단한 삶을 그린 그림

무너지는 중세 유럽 세계 | 197

자크리의 난

흑사병과 백년 전쟁으로 인해 프랑스는 피폐해지고 말았습니다. 이로 인해 농민들은 고통을 받게 되고 귀족에 대한 반감이 폭발하면서 1358년 북부 프랑스에서 농민 반란이 일어났는데, 이것이 자크리의 난입니다. 자크의 난이라는 말은 프랑스어로 농민을 업신여겨 부르는 '자크'라는 말에서 비롯된 것입니다. 프랑스의 왕과 귀족은 힘을 합쳐 농민 반란을 진압하고 농민들을 무참히 학살했습니다.

농민들은 이렇게 점점 변해 갔지만, 영주들은 여전히 농민들에게 봉건적인 부담을 강요하는 경우가 많았습니다. 영주들은 사치스럽고 화려한 생활을 유지하기 위해서 자신의 장원에서 많은 세금을 거둬야 했기 때문입니다. 하지만 현실은 흑사병과 심한 가뭄 및 잦은 전쟁 등으로 인구가 줄고, 땅은 농사를 지을 수 없게 되어 영주의 재산은 자연히 줄어들고 있었습니다. 영주들은 그 줄어든 부분을 채우기 위해 농민들에게 더 많은 세금을 거뒀습니다.

가혹한 세금으로 더 이상 견디기 어려워진 농민들은 도시로 도망가거나 반란을 일으켰습니다. 1323년 당시 경제 활동이 가장 활발했던 플랑드르 지방에서는 농민 반란이 5년 동안이나 계속되었고, 1358년 북프랑스에서는 '자크리의 난'으로 불리는 농민 반란이 일어났습니다. 두 사건 모두 영주들의 지나친 세금 때문에 일어난 반란입니다.

사회 제도에 대한 불만이 반영되어 농민들의 반란은 갈수록 그 세력이 커졌지만, 귀족들의 잔인한 살육으로 결국 진압되고 맙니다.

영국에서는 1381년 와트 타일러의 난이 일어났습니다. 흑사

중세 농민 반란
농민들의 반란을 왕이 걱정스러운 눈으로 지켜보고 있습니다. 중세 농민 반란으로 인해 봉건 제도가 흔들리게 됩니다.

병으로 노동력이 부족해졌음에도 불구하고 영주들이 예전처럼 농민들을 강제로 부려 먹으려 하자, 이에 불만을 품은 남부 여러 지방의 농민들이 와트 타일러를 중심으로 모여 반란을 일으킨 것입니다.

당시 국왕 리처드 2세는 농민들의 요구를 들어주려 했지만, 귀족들은 재빨리 와트 타일러를 잡아 죽였습니다. 그리고 군대를 동원해 농민들을 공격했습니다. 그 결과 농민들은 뿔뿔이 흩어졌고, 반란은 진압되었습니다. 그러나 이 사건 뒤에도 크고 작은 반란이 끊이지 않았습니다.

농민군을 이끄는 수도사 존 벨
수도사 존 벨이 농민군을 이끌고 봉건 사회에 저항하는 모습입니다.

상업의 부활로 도시가 성장하다

상업 활동이 활발해진 것은 11세기부터입니다. 인구의 증가와 농업 기술의 발달로 추수한 곡식이 많아지자 이를 사고팔면서 상업 활동이 활기를 띠게 된 것입니다. 또 상업의 발달로 화폐의 유통이 활발해졌고, 교통과 상업의 중심지에 도시들이 만들어졌습니다.

초기의 상업 활동은 좁은 범위에서 이루어졌으나, 십자군 전쟁의 영향으로 무역의 범위가 넓어지면서 점차 먼 거리 무역이 늘어났습니다. 중세의 도시는 이러한 상공업의 중심지가 되었습니다.

지중해에 있는 이탈리아에서는 아시아와 유럽의 특산물을 교환하는 해상 무역이 번성했습니다. 플랑드르를 중심으로 모직물 무역이 새로 시작되면서 북부 독일과 프랑스, 그리고 독일 남부의 라인 강 주변에서 많은 도시들이 성장했습니다. 이들 중 독일 북부의 여러 도시들은 한자 동맹을 결성하여 200년 가까이 북유럽의 무역을 주도했습니다.

중세 초기의 교회 도시나 성곽 도시는 대부분 교통의 중심지에 자리 잡고 있었기 때문에 많은 상인들이 모여들었습니다. 상인들은 처음에는 겨울을 나기 위해 모여들었으나, 차츰 도시는 상인들의 생활 터전으로 변했습니다.

상인들은 집을 대개 성곽 바깥에 지었습니다. 그리고 점점 사람이 많아지고 돈을 벌게 되면서, 집 둘레에 성벽을 쌓았습니다. 스스로를 지키기 위해서 성이 필요했기 때문입니다. 상공업 중심의 그런 중세 도시를 '부르크'라 했습니다. 부르크는 독일 말로 성벽이라는 뜻입니다. 오늘날의 '마르부르크'나 '아우크스부르크' 같은 도시는 바로 그렇게 중세에 만들어진 도시라는 의미를 가지고 있습니다.

한자 동맹

14세기 초 플랑드르가 독일 상인들에게 압력을 행사하자, 독일 상인들이 그에 맞서기 위해 연합체를 만들었습니다. 그 연합체를 '한자 동맹'이라고 합니다.
한자 동맹은 독자적인 함대와 요새를 가지고 있었으며, 오늘날의 연합 국가와 같은 성격을 띠고 있었습니다. 그리고 해상 교통의 안전 확보와 공동 방위, 상권 확장 등을 주목적으로 일했습니다.
'한자'는 독일어로 조합, 동료라는 뜻입니다.

한자 동맹의 주요 교역로
북유럽을 중심으로 한 한자 동맹의 주요 교역로입니다.

　도시 주민들은 대부분 수공업자들이거나, 그들이 생산한 수공품들을 팔고 사는 사람들이었습니다. 또 도시의 인구가 많아지면서 새로운 직업도 생겨났습니다. 그러나 초기에는 상업 활동이 그리 자유롭지 못했습니다. 영주가 도시의 행정권을 장악하고 있었고, 주교들은 사법권을 행사했기 때문입니다.
　도시민들은 도시의 자치권을 확보하고자 했습니다. 그래서 돈을 주고 자치권을 사거나, 무력 대결을 통해 얻어 내기도 했습니다.

12세기가 되자 대부분의 서유럽 도시들은 자치권을 확보했습니다. 또 농노라 할지라도 1년에 하루만 도시에서 지내면 자유인으로 인정받는 관습이 만들어지기도 했습니다. 그래서 도시의 시민은 곧 자유인을 의미하게 되었습니다.

시민들은 스스로 행정 기관을 만들고, 군대를 조직했습니다.

독일 바이에른 주에 있는 아우크스부르크의 모습
중세에 만들어진 도시답게 교회가 도시에서 가장 높습니다. 교회 아래로 지붕 색이 비슷한 집들이 조화롭게 도시의 아름다운 풍경을 만들고 있습니다.

삼각자와 컴퍼스
석공 조합의 상징인
삼각자와 컴퍼스입니다.

또 도시의 질서를 유지하기 위해 법도 만들고, 도시를 운영하는 데 필요한 세금도 냈습니다.

각 직업별로 조합도 만들었습니다. '길드'라고 부르는 조합은 조합원의 이익을 위해 여러 가지 일을 했습니다. 상품을 보내는 도중 배가 난파당하거나 해적을 만나서 피해를 입었을 때는 이를 보상해 주었습니다. 그리고 조합원이 죽었을 때는 남은 가족의 생계를 보살펴 주었습니다. 길드는 자신들의 이익을 위해 영주나 행정을 맡은 사람들과 정면 충돌을 하기도 했습니다.

중세의 거리는 무척 더러웠습니다. 도시 복판을 가로지르는 큰 길을 빼고는 구불구불한 골목길이었고 물론 포장도 되어 있지 않았습니다. 그래서 비나 눈이 오면 길이 진흙탕으로 변해서 세탁업자들이 돈을 많이 벌었다고 합니다.

거리에는 사람보다 소, 말, 돼지, 양 떼와 닭 등이 더 많이 뛰어다녔고, 악취도 심했습니다. 집들이 빽빽하게 들어서 있었기 때문에 쓰레기를 처리하는 게 어려워서 가축들이 늘 쓰레기 더미를 뒤지고 다녔습니다. 물은 몇 안 되는 공동 우물로 해결했고, 하수도라 할 만한 것은 얕고 좁은 도랑밖에 없었습니다.

그러나 이러한 도시들은 상업이 발달하고, 수공업의 규모가 커지면서 차츰 제대로 된 도시의 모양을 갖추어 나가게 됩니다. 도시가 만들어진 초기에는 시민들은 비교적 평등했습니

스위스 취리히의 현재 모습
중세의 취리히는 북이탈리아·프랑스·독일을 연결하는 교통로의 요지에 있었기 때문에 상업의 중심지였고, 길드 세력이 실권을 쥐고 있는 도시였습니다.

다. 그러나 상공업의 발달에 따라 계층이 나뉘기 시작했습니다. 먼저 돈을 많이 가진 자본가 계급이 있고, 중산층이라 불리는 계급, 그리고 그들 밑에서 돈을 받고 일을 하는 노동자 계급이 생겨났습니다.

자본가 계급은 대개 무역이나 큰 가게를 해서 부자가 된 사람들입니다. 13세기 후반이 되자 그들은 도시의 귀족으로 변해 도시의 행정권을 거머쥐었습니다. 그리고 그런 권한을 이용해 더 많은 돈을 벌었습니다.

그들은 물건을 만드는 공장을 가지고 있었고, 돈을 빌려 주고 이자를 받는 일도 했으며, 지금처럼 땅을 사 두었다가 값이 오르면 팔아서 큰돈을 벌기도 했습니다. 또 귀족 가문과 혼인해서 귀족 행세를 하는 사람도 많았습니다.

그들의 수는 도시 전체 인구에 비하면 아주 적었지만, 도시의 재산은 그들이 거의 독차지하고 있었습니다. 자본가 계급은 이렇게 많은 재산을 바탕으로 국왕과 쉽게 손을 잡을 수 있었습니다.

당시 대부분 국왕들은 영주의 세력을 누르고 왕권을 강화하여 통일 국가를 이룩하려고 애쓰고 있었습니다. 그러기 위해서는 군대를 양성하고 관리해야 하는데, 거기에는 많은 돈이 들어갔습니다. 그래서 재산이 많은 도시의 자본가들에게 돈을 빌려 썼고, 그 대가로 그들에게 많은 특권을 주었던 것입니다. 하지만 전쟁 비용을 빌려 주었다가 상황이 어려워져 돈을 못 받아 망하는 자본가도 적지 않았습니다.

한편 도시에는 수많은 노동자들이 모여들었습니다. 맨 먼저

부르주아

인구가 늘어나고 생산물이 크게 증가하면서 유럽 각 지역에는 시장이 생겼습니다. 그리고 주변 농촌을 상대로 장사를 하던 상인들은 차츰 먼 거리 무역에도 참여하게 됐습니다. 이탈리아의 베네치아, 제네바, 밀라노, 피렌체, 독일의 함부르크와 뤼베크, 프랑스의 샹파뉴 등이 이 시기에 성장한 도시들입니다. 도시는 대개 성벽 안에 있었습니다. 그래서 도시에 사는 사람들을 '성벽 안에 사는 사람들(Burger)'이라고 했습니다. 오늘날 자본가 계급을 뜻하는 '부르주아(Bourgeois)'라는 말은 여기에서 유래한 것입니다.

돈을 받고 일하는 노동자들이 나타난 곳은 모직물 공업이 발달한 도시입니다. 산업의 발달로 공장이 커지고, 그 숫자도 늘어나면서 많은 노동자들이 필요했기 때문입니다.

도시 가까운 농촌에 사는 농민이나 여성 노동자, 다른 지역에 사는 사람들까지 일자리를 찾아 모여들면서, 그들은 일자리를 놓고 서로 경쟁하게 되었습니다. 자본가는 돈을 적게 주고도 일할 사람을 구할 수 있었기 때문에 노동자들도 임금을 적게 받을 수밖에 없었습니다. 심지어 원래 있던 일자리를 잃기도 했습니다. 결국 도시로 모여든 많은 노동자들이 가난에 시달리게 되었습니다. 14세기에는 그런 가난한 도시민이 도시 인구의 3분의 1에서 절반 가까이까지 되었습니다.

자본가 계급과 노동자 계급 사이에는 중간 계층인 시민 계급이 자리를 잡았습니다. 그들은 자본가들만큼 부자는 아니었지만, 임금 노동자들처럼 가난하지도 않았습니다. 처음에는 소매 상인들과 훌륭한 기술을 가진 기술자들이 이 계층의 대부분이었으나, 그 뒤 각종 법률 관련 일을 하는 사람들과 공무원들까지 이 계급에 포함되었습니다.

그러나 사람들의 계급이 늘 고정되어 있는 것은 아니었습니다. 갑자기 많은 돈을 벌어 부자가 된다거나, 부자가 망하게 되면 그 사람이 속한 계급도 변하기 마련이었습니다.

농촌에서 영주와 농민의 갈등이 심했던 것처럼, 도시에서는 자본가와 노동자의 싸움이 그치지 않았습니다. 자본가 계급은

무너지는 중세 유럽 세계

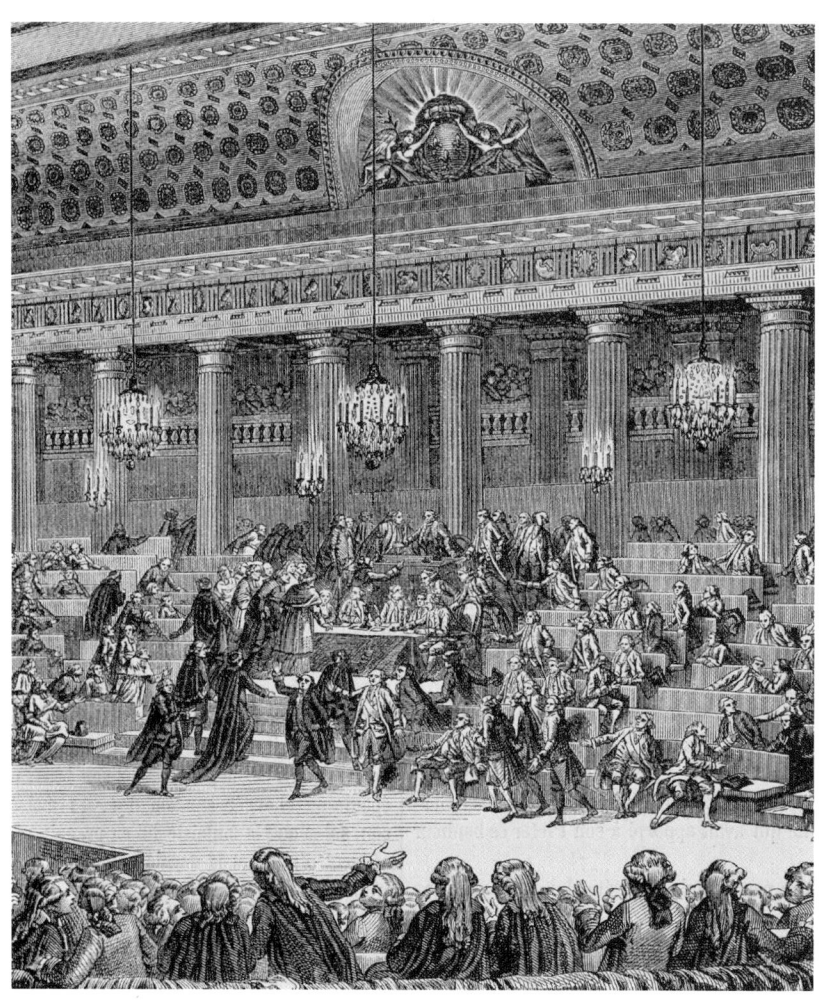

의회에서 활동 중인 부르주아
부르주아 계급은 막대한 재산을 바탕으로 정치에까지 참여할 만큼 성장했습니다.

노동자들에게 되도록 임금을 덜 주려고 했고, 노동자들은 이에 반발해서 일을 하지 않거나 반란을 일으키는 등 폭력적인 방법으로 맞서기도 했습니다. 이러한 혼란 속에서 중세의 봉건 제도는 빠르게 무너져 갔습니다.

쇠퇴하는 교황의 권위

그리스도교가 중심이 됐던 중세 봉건 사회에서는 로마 교황이 최고의 권위를 가지고 있었습니다. 그러나 봉건 사회의 몰락과 더불어 교황의 권위는 차츰 힘을 잃어 갔습니다.

봉건 사회에서는 권력이 지방 영주들에게 분산되어 있었고, 교황은 국가를 초월하는 권위를 가지고 국왕 위에 군림하면서 국왕의 행위에 정당성을 부여하는 역할을 했습니다. 하지만 국왕의 힘이 커지면서, 권력의 중앙 집권화에 나선 국왕들에게 교황의 권위는 큰 장애물이 되었습니다. 그래서 국왕들은 교회를

아비뇽 교황청
로마 교황청이 아비뇽으로 옮겨진 뒤 약 70년간 가톨릭 교황은 프랑스 국왕의 꼭두각시가 되었습니다.

제26대 교황이었던 베네딕토 16세
로마 가톨릭의 수장은 교황입니다.

지배하기 위해 교황과 대립하게 됩니다.

 그 대표적인 사건이 성직자에게 세금을 물리는 문제로 영국과 프랑스의 국왕이 로마 교황 보니파키우스 8세에 맞서 대결한 것입니다. 1303년에 벌어진 이 싸움에서 프랑스의 필리프 4세는 교황을 무력으로 굴복시킨 뒤 교황청을 프랑스로 옮겨 버렸습니다. 교황이 프랑스 국왕의 꼭두각시 노릇을 하는 '아비뇽 유수'가 시작된 것입니다.

로마에서는 이에 반발해 서둘러 새 교황을 선출했습니다. 아비뇽과 로마에 각각 교황이 있어, 두 명의 교황이 존재하게 된 것입니다. 그들은 서로 정통성을 주장하며 맞섰고, 교황의 권위는 땅에 떨어졌습니다.

다른 한편에서는 교회의 부패를 비판하며, 그리스도교 본래의 정신으로 돌아가자는 개혁 운동이 전 유럽에 걸쳐 일어났습니다. 그 선구자적인 인물이 영국의 위클리프와 체코의 후스입니다.

교회 내부에서도 15세기부터 교회의 혁신과 부흥을 위한 개혁 운동이 거세게 일어났습니다. 그래서 신성 로마 제국의 황제가 주최한 콘스탄츠 공의회에서는 로마 교황을 정통으로 인정하고, 교회의 분열을 끝내려고 했습니다. 또 개종을 거부하며 끝까지 저항하는 후스를 화형에 처하는 등 교회 사상의 통일을 위해 노력했습니다. 그러나 그 이후에도 교회의 부패가 계속되어, 종교 개혁에 대한 주장은 끊이지 않았습니다.

얀 후스
교회의 면죄부 판매를 비판한 체코의 신학자 얀 후스의 동상입니다.

공의회

그리스도교의 원칙이나 교회의 규율에 관한 문제들을 의논하고 결정하기 위해서 모이는 교회 대표자의 공식적인 집회나 회의를 말하는 것입니다. 제1차 니케아 공의회가 325년에 있었고, 최근에는 1962년 제2차 바티칸 공의회가 있었습니다.

근대 국가의 기틀이 마련되다

백년 전쟁은 프랑스에 엄청난 피해를 입혔습니다. 국토가 싸움터였던 탓에 기름졌던 땅은 황폐해지고, 수많은 백성들이 죽었습니다. 그럼에도 불구하고 프랑스가 근대적인 통일 국가로 발전하는 데 있어서 백년 전쟁은 두 가지 면에서 큰 도움이 되었습니다. 하나는 영국에 빼앗겼던 영토를 되찾은 것이고, 다른 하나는 잔 다르크의 등장으로 국민들 사이에 애국심이 크게 강해졌다는 것입니다.

프랑스에는 14세기 초부터 삼부회라는 의회가 있었습니다. 그러나 성직자와 귀족, 시민의 대표가 모여 국왕이 요구하는 대로 세금을 받을 수 있도록 허락해 주는 일을 했을 뿐, 제대로 된 의사 결정을 하는 의회다운 의회의 구실은 하지 못했습니다. 또 삼부회에는 농민이나 수공업자 등 하층 계급의 대표는 참가하지 못했습니다.

삼부회가 생긴 것은 그 무렵 국왕과 성직자, 귀족, 그리고 시민 대표의 이해관계가 서로 맞아떨어졌기 때문입니다. 먼저 당시 국왕은 전국 각지에서 세금을 거둘 수 있는 조직을 아직 가지고 있지 못했습니다. 그래서 삼부회의 허락을 얻어 그 일을 하고자 했습니다.

성직자나 귀족들에게도 의회는 필요했습니다. 국왕의 세력이 자신들보다 이미 크게 강해졌기 때문에, 지나치게 강해지는 것을 그대로 보고 있을 수만은 없었습니다. 그들은 국왕의 요구를 들어주는 대신, 의회에서 힘을 모아 농민들을 지배하는 권한만은 어떻게 해서든 지켜 내기를 원했던 것입니다.

또 당시 가장 많은 세금을 내던 시민 대표들도 삼부회 활동을 통해 자신들의 경제 활동에 유리한 특권을 왕으로부터 얻어 내려고 했습니다. 이와 같이 각 계급이 갖는 필요성 때문에 일부 중세 유럽 사회에서는 오늘날 의회의 초기 모습이 나타나고 있었습니다.

영국은 백년 전쟁이 끝난 뒤 큰 혼란에 빠졌습니다.

에드워드 3세 이후 영국에서는 플랜태저넷 왕가가 끝나고, 14세기 말부터 랭커스터 가문과 요크 가문이 싸우기 시작했습니다. 랭커스터 가문은 헨리 4세부터 6세까지 3대에 걸쳐 왕 자리를 차지했는데, 이에 불만을 품은 요크 가문이 헨리 6세의 무능을 틈타 왕위에 도전한 것입니다.

두 가문의 싸움은 1455년에서 1485년까지 30년 동안 계속됐습니다. 이 전쟁을 '장미 전쟁'이라고 합니다. 랭커스터 가문은 붉은 장미를, 요크 가문은 흰 장미를 달고 싸웠기 때문에 붙여진 이름입니다.

요크 가문과 랭커스터 가문의 문장
장미 전쟁의 두 가문, 요크 가문과 랭커스터 가문의 문장입니다. 이 두 가문이 장미가 들어간 문장을 사용했기 때문에 두 가문 사이의 전쟁을 장미 전쟁이라 부릅니다.

장미 전쟁

붉은 장미를 사용하는 랭커스터 가문과 흰 장미를 사용하는 요크 가문이 1455년부터 1485년에 걸쳐 왕위계승권을 둘러싸고 벌인 전쟁입니다. 영국 귀족 전체가 두 패로 갈려 30년 동안이나 싸운 이 전쟁에서 랭커스터 가문에 속하는 튜더가의 헨리 7세가 승리해 왕위에 오르는 것으로 전쟁은 끝납니다. 대부분의 영주들이 두 패로 갈려 전쟁에 참여했기 때문에 봉건 영주 세력이 크게 약해지는 결과를 가져왔습니다.

두 가문이 자신들의 명예와 운명을 걸고 싸웠기 때문에 전쟁은 처절했습니다. 몸값을 받고 포로를 풀어 주는 일도 없었고 재판을 하는 일도 없었으며 적으로 밝혀지면 바로 죽임을 당했습니다. 랭커스터 가문의 헨리 6세나 요크 가문의 에드워드 5세도 그렇게 죽었습니다. 중세 유럽에서 장미 전쟁보다 더 잔인한 전쟁은 없었다고 말할 정도입니다. 이 전쟁으로 대가 끊겨서 사라진 가문도 적지 않았습니다.

1485년 랭커스터 가문에서 갈라져 나온 튜터 가문의 헨리 7세가 즉위했을 때는 두 집안 모두 더 이상 싸움을 계속하기 힘든 상황이었습니다. 그래서 전쟁은 저절로 끝났

습니다. 헨리 7세는 즉위한 다음 해 요크 가문의 엘리자베스와 결혼했고, 전쟁은 그것으로 완전히 마무리되었습니다.

이 전쟁으로 귀족들은 힘을 잃었지만, 왕권은 오히려 강화되었습니다. 귀족들의 재산을 빼앗거나 세금을 더 거둬들였기 때문입니다. 그렇게 강해진 힘을 바탕으로 튜더 왕조는 중앙 집권제를 확립했습니다.

변화의 소용돌이 속에서 의회 제도도 발달했습니다. 프랑스에는 지방에도 삼부회가 있었지만, 영국은 지방 의회 없이 전국

튜더 왕가의 궁전이었던 햄프턴 궁전
햄프턴 궁전은 르네상스 양식으로 지어졌으며,
종종 유령이 출몰한다는 소문이 돌기도 하는 곳입니다.

무너지는 중세 유럽 세계

적인 의회만 구성되었습니다. 그리고 대귀족의 세력이 약해진 탓에 하급 귀족들이 활발하게 의회에 진출했습니다. 기사들을 비롯한 하급 귀족의 대표가 삼부회에서 제외되었던 프랑스와는 대조적인 일입니다.

　의회의 활동도 영국은 프랑스의 삼부회보다 훨씬 활발했습니다. 하급 귀족들이 시민 계급과 손을 잡고 평민의 입장에서 대귀족들의 힘을 눌렀기 때문입니다. 그래서 의회는 국왕이 요구하는 세금만 허락하는 것이 아니라, 차츰 법률을 만드는 권한까지 갖기 시작했습니다.

또 에드워드 3세 말기인 1376년에는 의회가 국왕에게 요구해 만든 법은 국왕이 마음대로 고치거나 폐지할 수 없고, 수정이나 폐지를 위해서는 반드시 의회의 동의를 받아야 한다는 규정이 만들어졌습니다. 국왕의 친척이나 친지가 잘못을 저질러서 정치가 혼란에 빠지면 의회가 그를 쫓아낼 수 있는 권한도 갖게 되었습니다. 의회가 이와 같이 여러 가지 활동을 하게 되자 다른 나라의 의회들도 이 당시의 의회를 '모범 의회'라 하고 의회의 표본으로 삼았습니다.

의회가 상원과 하원으로 나뉜 것도 그 무렵입니다. 상원은 직

웨스트민스터 궁전
영국의 국회가 있는 웨스트민스터 궁전의 모습입니다. 의회 제도를 통해 왕은 자기 마음대로 권력을 행사할 수 없게 되었고, 평민들의 정치 참여 기회가 확대되었습니다.

위가 높은 성직자나 왕에게 속한 관리, 귀족들이 국왕과 손잡고, 점점 커지고 있는 평민들의 힘에 비해 자신들의 권한이 약해지는 것을 막기 위해 만든 것입니다. 하원은 그런 상원에 맞서 하급 귀족을 중심으로 한 평민들로 구성됐습니다. 그러나 하원은 아직 독자적인 정책을 적극적으로 내세우지는 못했습니다.

영국의 의회 제도는 15세기에 들어오면서 크게 발전했습니다. 의회의 허락 없이는 세금을 거둘 수 없고, 의회 안에서는 토론의 자유가 보장됐으며, 의회 구성원은 함부로 체포당하지 않을 권리가 보장되는 등 오늘날 의회와 같은 의회 제도의 기본 틀이 이 무렵에 마련되었습니다. 또 15세기 후반에는 하원도 직접 법안을 만들 수 있게 되었습니다.

한편 8세기 초부터 이슬람의 지배를 받아 왔던 이베리아 반도에서는 그리스도교도들이 이슬람 세력을 몰아내기 위해 끊임없이 노력해 왔습니다. 그래서 11세기부터는 이베리아 반도 남쪽으로 이슬람 세력을 밀어내기 시작했고, 15세기에 이르러서는 마침내 반도의 대부분이 그리스도교도들 손에 들어왔습니다.

이베리아 반도에는 카스티야, 아라곤, 포르투갈, 이렇게 세 왕국이 들어섰습니다. 그리고 1469년에 카스티야 왕국의 왕녀 이사벨과 아라곤의 왕자였던 페르난도 5세가 결혼을 한 뒤, 1479년에 두 왕국이 통일을 함으로써 에스파냐 왕국이 되었습니다.

그 뒤 에스파냐의 왕 페르난도 5세는 이베리아 반도 끝에 있

에스파냐 그라나다
페르난도 5세가 이슬람 세력을 물리쳤던 에스파냐 그라나다의 모습입니다. 그라나다에는 유명한 알람브라 궁전이 있습니다.

던 이슬람의 마지막 거점인 그라나다를 정복했습니다. 그로써 이슬람 세력은 이베리아 반도에서 완전히 물러났고, 국토를 통일한 페르난도 5세는 종교 재판을 통해 이교도를 탄압하고, 귀족 세력을 눌러 왕권을 강화했습니다.

한편 12세기에 카스티야에서 독립한 포르투갈도 15세기 후반이 되자 제후 세력을 누르고 국가의 통일을 이룩했습니다.

오랫동안 이슬람 세력과 싸워 왔던 이베리아 반도의 국가들은 유럽의 여러 나라들과 달리 왕과 귀족이 대립하기보다 힘을 모아 이슬람 세력에 맞서 싸웠습니다. 그래서 지방 분권 제도가 자리 잡지 못했고, 국내의 분쟁도 적어 왕이 강력한 권한을 가지고 일찍부터 해외로 뻗어 나갔습니다.

동유럽에서는 노르만인이 세운 모스크바 대공국으로부터 러시아가 탄생했습니다. 그 뒤 동로마 제국으로부터 그리스 정교 황제의 칭호를 물려받아 통일 국가로 발전했습니다. 지금 모스크바에 있는 크렘린 궁전은 그 시대에 세워진 것으로, 역대 러시아 황제의 왕궁으로 사용되었습니다.

크렘린 궁전을 세운 왕은 이반 3세입니다. 그는 러시아를 부흥시키고 황제를 뜻하는 차르라는 칭호를 처음 사용했습니다.

그 밖에 마자르족은 다뉴브 강 주변에 헝가리 왕국을 세웠습니다. 중부 유럽은 다른 나라들과 달리 힘 있는 통일 왕국으로는 발전하지 못했습니다.

중부 유럽은 신성 로마 제국의 지배 아래 놓여 있었지만 옛날 로마 제국 같은 통일된 강한 왕국이 아니었습니다. 신성 로마 제국의 제후들은 힘이 막강해서 스스로 자신들의 영토를 다스렸고, 황제는 나라를 통일하는 데보다 교황과의 권력 다툼에 더 신경을 썼습니다. 중세 말 신성 로마 제국은 독일, 체코, 오스트리아, 벨기에, 폴란드, 네덜란드, 덴마크, 스위스, 이탈리아 북부 등의 영토를 포함하고 있었으며 형식적으로는 신성 로마 제국에 소속되어 있었지만, 각자 독립적인 왕국으로 주권을 행사했고 황제는 상징적인 존재에 지나지 않았습니다.

이탈리아도 봉건 영주들의 영토와 도시들로 제각각 나뉘어 있어 통일 국가로 발전하지 못했습니다. 신성 로마 제국의 심한

이베리아 반도
이베리아 반도는 유럽의 가장 서쪽에 위치한 반도로 현재의 에스파냐, 포르투갈이 있는 곳입니다.

간섭도 통일 국가로 발전하는 데 장애가 됐습니다. 이탈리아의 도시들은 십자군 전쟁 이후 무역으로 경제적 번영을 누리기는 했지만, 오랜 기간 동안 분열된 상태를 극복하지는 못했습니다.

이처럼 중세 말기의 유럽은 십자군 전쟁과 백년 전쟁 등을 통해 왕권은 강화된 반면에 교황의 권력은 추락합니다. 또한 고통받는 농민들의 각성과 반란, 상업의 활성화로 인한 도시의 성장과 새로운 시민 세력의 대두, 여기에 기반해 유럽 여러 나라들이 중앙 집권 국가의 기틀을 마련하면서 중세 봉건 사회는 서서히 붕괴되고 시민 세력을 주축으로 하는 근대 사회로 나아갑니다.

십자군 전쟁부터의 중세 유럽 연표

살라딘 장군의 용기와 승리를 기념하며 세운 동상입니다.

2. 이슬람의 장군 살라딘, 예루살렘 수복

이슬람의 장군 살라딘이 예루살렘을 점령한 십자군을 몰아내는 데 성공합니다. 그러나 그는 포로로 잡은 십자군들을 잔인하게 죽이지 않고 몸값을 받고 풀어주거나 알라 신께 바치는 감사의 의미로 그들을 해방시켜 줍니다.

십자군을 물리치는 살라딘 장군의 모습입니다.

4. 제4차 십자군 콘스탄티노플 점령, 라틴 제국 성립

제4차 십자군 원정의 목표는 예루살렘 탈환이 아니라 콘스탄티노플 점령이었습니다. 제4차 십자군이 콘스탄티노플을 점령하는 바람에 동로마 제국은 일시적으로 멸망하게 됩니다.

1187년

1204년

1095년

1191년

1215년

1. 교황 우르바노 2세, 성지 회복 선언 십자군 전쟁 시작

십자군 전쟁은 약 200년간 계속된 유럽의 예루살렘 침략 전쟁입니다. 교황 우르바노 2세는 성지 회복을 명분으로 내세워 예루살렘 등 그리스도교 성지에 대한 군사 원정을 시작합니다.

교황 우르바노 2세가 클레르몽 교회 회의에서 십자군 전쟁의 정당성을 호소하고 있습니다.

사자 왕 리처드와 살라딘의 우호 협정

십자군의 지휘관이었던 영국 왕 리처드와 이슬람 장군 살라딘이 전쟁을 잠시 멈추고 만납니다. 둘은 협상을 하여 살라딘의 영토를 유럽이 인정하고, 예루살렘에 순례자들이 자유롭게 드나들 수 있도록 협정을 맺습니다.

영국 존 왕, 대헌장 승인

대헌장은 교회와 귀족, 시민의 권리와 자유 등을 보장하는 내용과 함께 왕 또한 법을 지켜야 한다는 내용이 담긴 문서입니다. 이 문서를 존 왕이 승인함으로써 의회 정치가 시작되었습니다

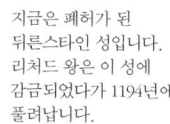

3.

지금은 폐허가 된 뒤른스타인 성입니다. 리처드 왕은 이 성에 감금되었다가 1194년에 풀려납니다.

14세기에 작성된 대헌장의 필사본 첫 페이지입니다.

5.

6

프랑스 필리프 4세, 교황을 무력으로 굴복

프랑스의 왕 필리프 4세는 성직자에게 세금을 물리고자 했습니다. 결국 필리프 4세는 로마 교황 보니파키우스 8세를 무력으로 굴복시키고 교황청을 프랑스로 옮겼는데 이를 아비뇽 유수라고 합니다.

생드니 바실리카 성당입니다. 이 성당에는 한때 교황마저도 자신의 발 아래 두었던 필리프 4세의 무덤이 있습니다.

8

유럽 전역에 흑사병 창궐

쥐와 벼룩이 옮기는 전염병인 흑사병으로 인해 전 유럽 인구의 3분의 1이 죽게 되었습니다. 이로 인해 노동력이 귀해지자 농노의 신분이 향상되는 등 중세 유럽의 봉건 제도가 몰락하는 중요한 원인이 되었습니다.

전 세계 수억 명을 죽음으로 몰고 간 페스트균의 사진입니다.

장미 전쟁이 끝난 뒤 영국에서는 튜더 왕가가 시작됩니다. 튜더 왕가의 문장에는 흰 장미와 붉은 장미가 섞여 있습니다.

10

장미 전쟁 발발

영국의 왕위 자리를 두고 요크 가문과 랭커스터 가문 사이에 30년 간 전쟁이 벌어집니다. 두 가문의 문장이 흰 장미와 붉은 장미였기에 이 전쟁을 장미 전쟁이라 부릅니다.

303년

1347년

1455년

1337년

1453년

영국 에드워드 3세, 왕위 계승권 문제로 프랑스와 백년 전쟁 시작

백년 전쟁은 프랑스와 영국 사이에 벌어진 전쟁으로 1453년에 프랑스가 승리하면서 끝납니다. 백년 전쟁에서 승리한 프랑스는 중앙 집권과 국토 통일을 이루어 유럽의 강력한 국가로 성장하게 됩니다.

오스만 제국, 동로마 제국 멸망

동로마 제국의 수도 콘스탄티노플이 오스만 제국에 의해 함락됩니다. 이로써 동로마 제국이 멸망하고 유럽의 중세가 끝납니다. 동로마 제국의 수많은 학자들은 난리를 피해 서유럽으로 망명하고, 이것은 르네상스가 일어나는 계기가 됩니다.

9

백년 전쟁을 프랑스의 승리로 이끈 잔 다르크입니다. 1920년 그녀는 성인으로 인정받았습니다.

7

백만 엄마들의 가슴을 뛰게 만든 바로 그 책,
<공부가 되는> 시리즈

- 재미와 호기심을 충족시키며 교과 연계 학습까지 되는 **기초 교양 학습서**
- 연이은 백만 엄마들의 뜨거운 호평, **출간 즉시 베스트셀러 도서**
- 통섭과 융합형 교과서로 **하버드 대학 교수가 추천한 도서**

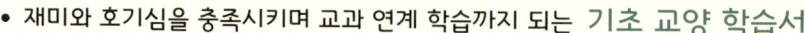

**2010, 2011, 2012 문화체육관광부 · 어린이문화진흥원 · 행복한 아침독서
국립어린이청소년도서관 · 학교도서관 사서협의회 추천 도서 선정**

1. 공부가 되는 세계 명화
2. 공부가 되는 한국 명화
3. 공부가 되는 식물도감
4. 공부가 되는 공룡 백과
5. 공부가 되는 유럽 이야기
6. 공부가 되는 그리스로마 신화
7. 공부가 되는 별자리 이야기
8. 공부가 되는 삼국지
9. 공부가 되는 탈무드 이야기
10, 11. 공부가 되는 조선왕조실록〈전2권〉
12. 공부가 되는 저절로 영단어
13. 공부가 되는 저절로 고사성어
14, 15. 공부가 되는 한국대표고전〈전2권〉
16, 17. 공부가 되는 셰익스피어 4대 비극 · 5대 희극〈전2권〉
18. 공부가 되는 논어 이야기
19. 공부가 되는 우리문화유산
20, 21. 공부가 되는 경제 이야기〈전2권〉
22, 23, 24. 공부가 되는 한국대표단편〈전3권〉
25. 공부가 되는 로빈슨 과학 탈출기
26. 공부가 되는 일등 멘토의 명연설
27, 28, 29. 공부가 되는 과학백과 우주, 지구, 인체〈전3권〉
30. 공부가 되는 가치 사전
31. 공부가 되는 안네의 일기
32. 공부가 되는 톨스토이 단편선
33. 공부가 되는 긍정 명언
34. 공부가 되는 이솝 우화
35. 공부가 되는 창의력 백과
36. 공부가 되는 재미있는 어휘사전
37. 공부가 되는 삼국유사
38. 공부가 되는 삼국사기
39. 공부가 되는 재미있는 한국사 1
40. 공부가 되는 아메리카 이야기
41. 공부가 되는 세계 지리 지도
42. 공부가 되는 재미있는 한국사 2
43. 공부가 되는 파브르 곤충기
44, 45, 46. 공부가 되는 세계명단편〈전3권〉
47. 공부가 되는 세계의 건축
48, 49, 50. 공부가 되는 세계사〈전3권〉
51. 공부가 되는 아시아 이야기

〈공부가 되는〉 시리즈는 계속 출간됩니다.

호주 초·중등학교 최고의 인성 교재

십대가 시작되는 시기부터
늘 머리맡에 두고 반복해서 읽어야 할 책

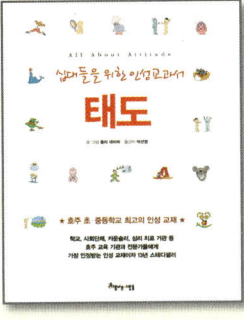   

태도
줄리 데이비 글, 그림 | 박선영 옮김
14,000원

목표
줄리 데이비 글, 그림 | 박선영 옮김
14,000원

진정한 부
줄리 데이비 글, 그림 | 장선하 옮김
14,000원

선택
줄리 데이비 글, 그림 | 장선하 옮김
14,000원

〈초록별〉 시리즈

꿈이 되는 이야기, 마음을 키우는 책 읽기

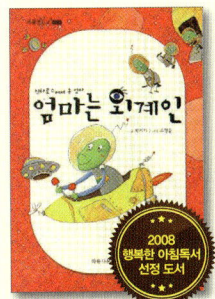    

엄마는 외계인
박지기 글 | 조형윤 그림 | 8,500원

아빠가 보고 싶은 아이
나가사키 나쓰미 글
오쿠하라 유메 그림
김정화 옮김 | 11,000원

친구 만들기
줄리아 자만 글
케이트 팽크허스트 그림
조영미 옮김 | 11,000원

아기 토끼의 엄마 놀이
모리야마 미야코 글
니시카와 오사무 그림
김정화 옮김 | 11,000원

왕따 슈가 울던 날
후쿠 아키코 글
후리야 가요코 그림
김정화 옮김 | 11,000원